GUERRA CULTURAL
NA PRÁTICA

ORGANIZAÇÃO E APRESENTAÇÃO: GUSTAVO LOPES.
CRISTIÁN RODRIGO ITURRALDE, EDUARDO BOLSONARO, LARA BRENNER,
HÉLIO ANGOTTI NETO, IVES GANDRA MARTINS, NATÁLIA SULMAN,
PATRÍCIA SILVA, RICARDO SALLES E CANAL HERÓIS E MAIS

GUERRA CULTURAL
NA PRÁTICA

COMO COMBATER AS ESTRATÉGIAS DA ESQUERDA QUE ESTÃO DESTRUINDO O OCIDENTE

AVIS RARA

COPYRIGHT © FARO EDITORIAL, 2023

Todos os direitos reservados.
Nenhuma parte deste livro pode ser reproduzida sob quaisquer meios existentes sem autorização por escrito do editor.
Avis Rara é um selo de Ciências Sociais da Faro Editorial.

Diretor editorial **PEDRO ALMEIDA**
Coordenação editorial **CARLA SACRATO**
Preparação **TUCA FARIA**
Revisão **NICOLLY DO VALE e BARBARA PARENTE**
Imagens de capa **FARO EDITORIAL**
Diagramação **VANESSA S. MARINE**

DADOS INTERNACIONAIS DE CATALOGAÇÃO NA PUBLICAÇÃO (CIP)
JÉSSICA DE OLIVEIRA MOLINARI CRB-8/9852

A guerra cultural na prática : como combater as estratégias da esquerda que estão destruindo o ocidente / organização de Gustavo Lopes. -- São Paulo : Faro Editorial, 2023.
192 p.

ISBN 978-65-5957-416-2

1. Política e cultura - Brasil 2. Política e governo - Brasil I. Lopes, Gustavo

23-3641   CDD 306.0981

ÍNDICES PARA CATÁLOGO SISTEMÁTICO:
1. Política e cultura - Brasil

1ª edição brasileira: 2023
Direitos de edição em língua portuguesa, para o Brasil, adquiridos por FARO EDITORIAL
Avenida Andrômeda, 885 - Sala 310
Alphaville — Barueri — SP — Brasil
CEP: 06473-000
www.faroeditorial.com.br

SUMÁRIO

7 APRESENTAÇÃO

9 PREFÁCIO

11 INTRODUÇÃO À GUERRA CULTURAL
por Gustavo Lopes

17 Revolução Cultural Chinesa
19 Silenciamento da direita brasileira
27 Hegemonia cultural
33 Escola de Frankfurt

41 MANIPULAÇÃO DA LINGUAGEM
por Lara Brenner com colaboração de Luciano Pires

45 Guerra pelo imaginário
48 As tribos justiceiras e o medo da retaliação
50 A conta chega para todos
54 A ignorância fazendo suas vítimas
56 A sorrateira manipulação da linguagem
62 Conclusão

67 ARTES & CULTURA POP - O IMAGINÁRIO E O CINEMA
por Canal Heróis e Mais

70 A essência do cinema
79 O parasita pós-moderno
80 O arquétipo de Mary Sue
81 O contra-ataque

83 ANTICAPITALISMO, ANTIRRACISMO E FEMINISMO
por Patrícia Silva

86 As origens do pensamento anticapitalista
89 A operacionalização do antirracismo como rota para o anticapitalismo

91 O feminismo como plataforma do marxismo
95 Conclusão

**99 MEIO AMBIENTE, IDEOLOGIA E OS INTERESSES INTERNACIONAIS
por Ricardo Salles**

101 Mas como é o meio ambiente rural no Brasil?
104 O meio ambiente urbano no Brasil: abandono e poluição
106 O papel do governo brasileiro e os interesses internacionais
109 A agenda climática: indústria, estratégia e ideologia
111 Clima, cultura e costumes
113 Soluções ambientais, o ESG e o papel do setor privado

**115 SAÚDE, CULTURA E SOCIEDADE
por Hélio Angotti Neto**

118 A Guerra Cultural na saúde
120 A visão hipocrática
122 A visão utilitarista
125 A cultura afeta a saúde
126 A saúde afeta e define a cultura e a sociedade
127 A manipulação cultural da saúde
134 Em prol de uma saúde culturalmente benéfica

**135 FILOSOFIA: EXPERIÊNCIA E IDEOLOGIA
por Natália Sulman**

**149 A ARTE COMO VEÍCULO REVOLUCIONÁRIO
por Cristián Rodrigo Iturralde**

**169 A POLÍTICA E A GUERRA CULTURAL
por Eduardo Bolsonaro**

176 Como ocorre na prática?
177 O erro crasso brasileiro

**183 UMA PROPOSTA PARA O STF
por Ives Gandra Martins**

APRESENTAÇÃO

A ideia deste livro surgiu quando eu estava à frente da Secretaria Nacional do Audiovisual, da Secretaria Especial da Cultura, durante o ano de 2022. Por lá, passa boa parte dos projetos incentivados (Leis Rouanet, Aldir Blanc e, agora, Paulo Gustavo); projetos oriundos de emendas parlamentares; e editais do Fundo Setorial do Audiovisual.

Dos milhares de projetos que passam por ali, eu diria que 90%, senão mais, têm um viés esquerdista. Pode parecer exagero, mas o domínio da esquerda no campo cultural é quase completo. Como a legislação veda o gestor de fazer uma análise subjetiva dos projetos submetidos, a imensa maioria acaba sendo aprovada.

Ainda que se tenha "botado ordem na casa" sob a gestão do governo anterior, com um rigoroso controle dos recursos públicos, o predomínio de temáticas "progressistas" é inegável. Ou seja, não é que haja uma "preferência" por projetos desse campo ideológico, senão que a direita praticamente não submete projetos na área da cultura. E, aqui, falamos apenas de projetos que contam com recursos públicos. No âmbito privado, iniciativas culturais conservadoras são ainda mais raras.

Isso confirmou uma ideia que eu já tinha: o campo conservador acredita, sem pensar muito, que cultura é coisa de esquerdista. O que é um erro, sobretudo, estratégico.

Como veremos a seguir, de forma mais detalhada, é a cultura que molda, ao longo do tempo, a maneira de pensar do indivíduo e que cria o imaginário coletivo de um povo ou sociedade.

Portanto, é fundamental despertar-se para o fato de que estamos muitas "casinhas" atrás nesse entendimento. Há uma Guerra Cultural em curso à qual chegamos muito atrasados. O inimigo domina o terreno (o campo cultural, entendido de forma ampla), conhece as táticas (teorias e técnicas foram estabelecidas) e está muito mais bem preparado (atua de forma organizada há décadas nesse universo).

Então, este livro é uma singela contribuição para esse despertar. Uma pequena semente que espero que renda alguns frutos. Sobretudo, levando esses conceitos iniciais às pessoas que ainda não perceberam a dimensão da batalha em curso, embora façam parte dela cotidianamente.

Por isso, a ideia de convidar autores das mais variadas áreas, que, desde suas perspectivas, trazem contribuições valiosas para esse entendimento. Os convites foram feitos individualmente e, portanto, cada um responde pelo seu capítulo, e não necessariamente estão de acordo com tudo o que se encontra nesta obra.

A ideia era que este trabalho fosse o mais acessível possível, não acadêmico, embora boa parte dos capítulos esteja dentro desses padrões. Há livros sobre a Guerra Cultural mais densos e elaborados nesse sentido, e estão citados na introdução.

Mas esta obra pretende ser diferente exatamente neste ponto: um livro que aborde a temática de diferentes ângulos e perspectivas, que seja leve e agradável de se ler e, acima de tudo, que desperte o interesse do leitor sobre a Guerra Cultural.

Aproveite a jornada!

GUSTAVO LOPES

PREFÁCIO

MÁRIO FRIAS — Deputado Federal

Vivemos em um momento ímpar da história, momento esse em que conceitos são modificados, valores, ressignificados, há inovações linguísticas confusas, deturpação de conceitos básicos, desvalorização do belo e desrespeito ao que aprendemos de forma consuetudinária.

Nesses momentos, é necessário que um grupo se levante, que líderes imperem pelo saber e experiência, e que combatam com ciência e empirismo teorias vãs e rasas de profundidade humana, científicas e filosóficas.

O conteúdo deste livro traz esse levante de saber, de conhecimento sobre a Guerra Cultural, em um momento de tantos ataques à sapiência, e do subterfúgio da tecnologia para desviar a atenção e para deteriorar a capacidade cognitiva de opinar, fazer contraponto ou argumentar. Em um momento em que as pessoas querem o conhecimento "pronto", na forma de vídeos curtos, seguidos de dancinhas ou gracejos, de pessoas que não se inteiram sobre nada, não se dedicam a nenhum tema, mas opinam sobre tudo.

Estamos vivendo em um período da história do Brasil onde o governo de turno é de esquerda, e, com isso, se amalgamou com outros Poderes em estranhas alianças, de forma que vozes dissidentes estão sendo caladas. Pessoas do Poder Judiciário, da classe política, militares, jornalistas, cidadãos comuns em sua fase idosa e até mesmo líderes indígenas foram privados de sua liberdade, seja a de se manifestar, a de ir ou a de vir.

Nesse sentido, o organizador deste livro, meu amigo, parceiro de batalhas, o altivo Gustavo Lopes, presta nesta obra um grande serviço ao Brasil e a quem deseja se aprofundar sobre a importância da Guerra Cultural no cenário atual e em toda a história, pois compila a ideia e o conhecimento de gente gabaritada e com *expertise* para tratar de temas que estão no "teatro de operações" da guerra que travamos.

Neste tratado de Guerra Política, serão debatidos temas como a importância da comunicação e da linguística, seja para dominar a narrativa que toma o debate público, seja para implantar a novilíngua e ressignificar conceitos das ideologias progressistas.

O livro passará, também, pelo ataque às religiões tradicionais, como as de convicções cristãs, pela questão racial, que é um forte elemento de divisão social utilizado pela esquerda, e pela filosofia e construção do pensamento humano para lidar com essas questões.

Ainda nessa linha de combate à modificação da cultura e à desconstrução do belo, seremos brindados com um capítulo que analisa as transformações promovidas pela indústria do entretenimento em produções tão pobres e rasas, trazendo elementos que fazem o contraponto a essa insurgência maligna.

Junto a esse compilado, será dada luz ao tema do ativismo do Judiciário, da bioética e da medicina, sequestrando narrativas de forma a facilitar o controle social.

Para finalizar, há um capítulo que trata a pauta ambiental e como utilizam esse viés para implantar uma psicose ambientalista, com o fito de globalizar nossas divisas e nosso patrimônio natural; além do texto que versa sobre a guerra política no campo político de fato, dentro das instituições de Estado, parlamento, órgãos do Executivo, e como a esquerda, nesse contexto, usa de narrativas para implantar falsas verdades e manipular a imposição de vontades e projetos de poder.

Portanto, temos um tratado completo sobre a Guerra Cultural, com soldados que travam batalhas diárias dentro desse contexto beligerante. A leitura deste livro o colocará em outro patamar de conhecimento, e tem o condão de prepará-lo para o debate e para a atuação nesse campo de batalha.

Rememorando os heroicos soldados constitucionalistas de 1932, convoco: você tem um dever a cumprir, consulte a sua consciência e embarque nessa leitura que, ao fim, o tornará mais um soldado apto a ombrear conosco nessa arena, pois não somos conduzidos, NÓS CONDUZIMOS!

INTRODUÇÃO À GUERRA CULTURAL

Gustavo Lopes

Gustavo Chaves Lopes é jornalista, mestre em comunicação, escritor e cineasta. Dirigiu dois documentários e ocupou vários cargos no Governo Federal. Em 2022 foi o Secretário Nacional do Audiovisual.

AS MÚLTIPLAS FACES DA GUERRA CULTURAL

A política está rio abaixo da cultura; se alguém quer mudar a política antes deve mudar a cultura.

Andrew Breitbart

A frase acima é inegavelmente verdadeira, ainda que suscite polêmicas. Mudar algo que pertence a cada um, individualmente (costumes, crenças, valores), e a um grupo, coletivamente (história, tradições e o imaginário compartilhado), não cabe (ou não deveria caber) a um político ou governante.

No entanto, a leitura correta da afirmação de Breitbart é que é a CULTURA (nas suas mais variadas formas), e não a POLÍTICA, que molda o pensamento humano – individual e coletivo. Justamente por isso, líderes que se deram conta da força que a cultura tem na construção do imaginário a usaram como uma poderosa ferramenta política.

Conceitualmente, a definição de cultura é muito ampla e complexa. Há livros inteiros dedicados a tentar dar conta de toda a dimensão que o tema abarca. No entanto, não é a intenção deste livro ser mais um a buscar definir o que é cultura. De forma breve, pode-se dizer que cultura é o conjunto de valores, crenças, conhecimentos, artes e costumes de um povo.

Logicamente, seria muita pretensão definir cultura em apenas uma frase. Até porque o conceito muda conforme a intenção do enunciador, e mesmo a significação do que seja cultura é sequestrada política e ideologicamente. Ao longo do tempo, o campo semântico da palavra foi se dilatando tanto que "cultura" tem, hoje, muitos significados, nem sempre semelhantes, a depender da pretensão de quem a usa.

Mas, partindo da premissa de que a noção de cultura é tão intrínseca ao ser humano quanto a cultura em si, nós nos dedicaremos, aqui, a mostrar, da forma mais acessível possível, como esse conjunto de ferramentas humanas é usado politicamente para influenciar e moldar pensamentos, atitudes, discursos, comportamentos e, em última análise, o VOTO das pessoas.

Entender como se dá esse processo é fundamental para poder entrar nessa guerra em condições mínimas de lutá-la. Essa é uma guerra na qual a esquerda vem se especializando há mais de 100 anos, aprimorando o uso de ferramentas culturais para implantar e, em certos casos, impor sua visão de mundo na sociedade.

Embora essa batalha por corações e mentes já se estenda por um século, é nos dias atuais que ela atingiu novos patamares, e praticamente tudo passa por essa ótica hoje. O marxismo cultural está entranhado no debate público de maneira quase total. Boa parte do que é debatido, discutido e posto como verdade, atualmente, está, de certa forma, enviesado pelas narrativas desse movimento.

Segundo o amigo Marco Frenette, o marxismo cultural é justamente o trabalho constante e permanente da esquerda para normalizar, na sociedade, seus valores delinquenciais. Já a Guerra Cultural, explica Frenette, é o embate entre essas forças destruidoras e os conservadores, os quais lutam para preservar valores fundamentais que sustentam a civilização ocidental.

No obrigatório *La Batalla Cultural*,[1] Agustín Laje explora semelhante ideia, e vai além:

---

[1] *La Batalla Cultural: Reflexiones Críticas para una Nueva Derecha*, Harper Collins, 2022.

> *O que uma teoria da batalha cultural deveria estar interessada, na verdade, são os esforços de mudança cultural (ou conservação). Mas não qualquer tipo de mudança ou conservação, mas aquela que, sobretudo, se opera predominantemente na própria esfera cultural.*

Dessa forma, Laje define que a primeira característica da Guerra Cultural é que seu objeto é o domínio da cultura: a cultura é o QUÊ está em jogo e ONDE está o jogo.

Além disso, Laje enfatiza que, nessa guerra, há sempre um conflito cultural de magnitude, sob o qual está em jogo não apenas um reajuste, uma reacomodação, mas sim uma mudança cultural significativa.

Por fim, Laje afirma que a terceira característica da Guerra Cultural é o elemento consciente, por meio do qual surgem esforços racionais para conseguir a vitória.

> *De fato, quando se pensa em uma batalha, pensa-se necessariamente em certa organização da ação individual e coletiva, certo planejamento consciente e direção do que deve ser feito se se quiser vencer.*

Ou seja, as ações da esquerda no sentido de remodelar a cultura (e, por meio dela, a sociedade) não são aleatórias, e sim fruto de um planejamento consciente. As releituras, ressignificações e narrativas usadas para redefinir o meio social são resultado de técnica, planejamento e organização.

Entretanto, para que novas narrativas fossem construídas e, posteriormente, aceitas, todo o edifício cultural tradicional precisava vir abaixo. Não apenas elementos culturais óbvios, tais como literatura, artes, cinema e música, têm de ser ressignificados, mas uma hegemonia cultural, como veremos adiante, precisava ser implementada. E ela se dava, também, por meio da imprensa, da linguagem, das escolas, das universidades, da arquitetura, das leis e, por fim, da política.

De outro lado, valores tradicionais foram questionados e "atualizados". Crenças religiosas milenares foram atacadas, e novas e criativas interpretações foram trazidas. A família, como *cellula mater* da sociedade, foi duramente agredida, e o próprio conceito natural de gênero foi afrontado. A linguagem, nossa principal forma de nos posicionarmos no mundo, foi subvertida ao limite do absurdo. Até mesmo a noção do que é belo foi relativizada.

Dessa forma, quanto mais longe uma pessoa é colocada de suas referências tradicionais e ancestrais, mais fácil é manipulá-la e impor a ela novos conceitos e valores.

Traremos, aqui, alguns exemplos de como a cultura foi usada, de modo explícito, para fins políticos. Além de apresentar algumas teorias que baseiam o *modus operandi* esquerdista. A ideia é fazer um breve sobrevoo acerca desses temas para que possamos aproveitar ao máximo os capítulos seguintes.

Veremos que a Guerra Cultural acontece em várias frentes de batalha, simultaneamente. Por vezes, as trincheiras estão conectadas. Em outras, o "teatro de operações" tem um fim em si mesmo. Mas sempre com um objetivo em comum: minar os valores tradicionais da sociedade e impor uma nova visão de mundo. Como disse Carl von Clausewitz, grande teórico da estratégia militar, "quando você pensa na parte, também precisa pensar no todo".

Então, pensemos nas partes e no todo dessa guerra, em como cada um dos temas abordados aqui se conectam e se retroalimentam. Como o jornalismo militante, por exemplo, influencia em decisões jurídicas. Como o uso da linguagem atua na questão racial. Como a filosofia, vista desde um monóculo enviesado, determina formas de pensar. Como o discurso sobre uma tal "masculinidade tóxica" condiciona a produção do cinema. Enfim, são vários os cruzamentos possíveis, e os temas aqui são apresentados por quem entende e conhece cada um deles.

Se Breitbart afirma que a política está rio abaixo da cultura, Von Clausewitz (de novo ele) diz que a guerra é a continuação da política por outros meios. Sendo assim, estejamos prontos para o combate.

REVOLUÇÃO CULTURAL CHINESA

Ao longo da história humana, a cultura tem sido usada não apenas para registrar e compartilhar valores, tradições e costumes de um grupo humano ou sociedade, mas também para disseminá-los (e muitas vezes os impor). Desde nossos primórdios como civilização, grupos dominantes (desde tribos e clãs até reinos e impérios) têm imposto sua ascendência sobre grupos mais fracos ou desorganizados.

Em boa parte dos casos, a dominação se deu, inicialmente, por meio da força. Contudo, a consolidação só é estabelecida quando a cultura (costumes, crenças, língua etc.) do dominador é imposta ao dominado. No entanto, vamos nos ater aqui a um período mais recente. Até porque essa quadra da história é repleta de movimentos e teorias acerca do uso político da cultura na construção e/ou imposição de determinados valores ideológicos.

É necessário começar com um dos exemplos mais notórios do uso político da cultura, que foi a Revolução Cultural Chinesa (1966-1976), também conhecida como Grande Revolução Cultural Proletária, cujo objetivo declarado era reforçar o pensamento comunista que, segundo seu líder, Mao Tsé-Tung, não tinha, naquele momento, o mesmo vigor que teve quando ocorreu sua implantação no país, em 1949. Apenas para registro, vale ressaltar que, antes da Revolução Cultural, Mao já havia imposto o Grande Salto Adiante (1958-1962), que pretendia transformar completamente as bases da economia chinesa. O resultado foi o colapso econômico e a morte de 40 milhões de pessoas pelo que ficou conhecido como a Grande Fome Chinesa.

No entanto, mais do que fortalecer o maoismo, a Revolução Cultural Chinesa se estruturou para acabar com qualquer resquício de oposição política, econômica e intelectual (qualquer semelhança com o que observamos atualmente no Brasil, definitivamente, não é mera coincidência, embora com métodos distintos). Pessoas tidas como pertencentes a alguma das Cinco Categorias Negras, segundo a classificação maoista (proprietários de imóveis; proprietários de terras; contrarrevolucionários; "maus influenciadores"; e direitistas), foram perseguidas e mortas. E, claro, suas propriedades, confiscadas pelo Estado. Estima-se que até 20 milhões de pessoas tenham sido assassinadas durante o período, havendo inclusive casos documentados de canibalismo em massa (no Massacre de Quancim, no sul da China, mais de 100 mil pessoas teriam sido assassinadas e canibalizadas).

Além de perseguir[2] e matar escritores, professores e artistas considerados como "más influências", iniciou-se uma forte campanha de desinformação típica de regimes comunistas. Um dos principais alvos foi o filósofo Confúcio (551 a.C.-479 a.C.), que, durante milhares de anos, influenciou profundamente o *ethos* do povo chinês. De forma resumida, pode-se dizer que o confucionismo pregava uma elevada moralidade pessoal e governamental, com rigorosos padrões éticos. Se um governante fosse bom e virtuoso, o povo seguiria seu exemplo. Logo, Mao percebeu que Confúcio deveria ser extirpado da cultura e do imaginário chinês.

Porém, não bastava o terror dos massacres, era preciso acabar com a reputação do sábio antes de apagar seus ensinamentos. O assassinato de reputações, para lembrar, é uma das faces da desinformação, técnica desenvolvida primeiro na Rússia e depois disseminada no mundo comunista. Não apenas o confucionismo foi violentamente atacado como também toda a tradição chinesa, no que os revolucionários chamaram de os Quatro Velhos: velhas ideias, velha cultura, velhos costumes e velhos hábitos. Desse modo, toda forma de arte pré-revolucionária (ou seja, praticamente toda arte produzida na China) foi considerada inimiga: quadros, livros, monumentos e templos milenares foram atacados; religiões foram perseguidas, sobretudo o cristianismo, que até hoje é hostilizado no país.

Essa tentativa genocida de impor uma cultura revolucionária mostrou, além dos milhões de mortes e do incalculável prejuízo cultural, o quanto a cultura, entendida nesse caso como ferramenta de dominação política, é poderosa. É por isso que começamos citando esse exemplo, entre vários

---

2   No Camboja, o líder comunista Pol Pot seguiu o exemplo de Mao Tsé-Tung e, entre 1975 e 1979, perseguiu e matou 1,7 milhão de pessoas (cerca de 20% da população do país à época). Intelectuais, jornalistas e professores foram massacrados. Bastava saber ler ou usar óculos para ser acusado de "inimigo da revolução".

outros possíveis, porque ilustra muito bem até onde a esquerda pode chegar nessa Guerra Cultural.

SILENCIAMENTO DA DIREITA BRASILEIRA

Se o massacre perpetrado por Mao na China parece distante da realidade brasileira, pelo menos em termos da violência empregada, é estruturalmente semelhante na metodologia usada. Como bem lembra Flávio Gordon, no excelente *A Corrupção da Inteligência:*

> O silenciamento completo das vozes destoantes foi a opção da esquerda cultural triunfante no pós-ditadura militar, que usou e abusou de associações maliciosas com o período anterior para, no novo contexto histórico, exercer seu papel de maneira hegemônica, sempre com um profundo senso de revanche.

Além disso, o desarmamento psíquico – que quase faz com que a direita peça desculpas cada vez que aponta os absurdos perpetrados pela esquerda ao longo de sua história –, aliado a um estamento pronto para sair em sua defesa, consolidou a narrativa hegemônica da esquerda no debate público.

Ressalte-se que o aparelhamento dos meios de ação culturais pela esquerda brasileira se deu, em grande medida, a partir do período em que, classicamente, os intelectuais marxistas dizem ter sido mais perseguidos. Foi durante o regime militar que representantes do marxismo cultural viram florescer suas produções. Na música, no cinema, na literatura, no teatro e, sobretudo, na televisão (veículo de massa por excelência no Brasil), a esquerda oferecia doses cavalares e diárias de socialismo, disfarçadas (nem sempre) nos enredos das novelas, nas letras das músicas, nos roteiros das peças e nas cenas dos filmes. Isso, apesar de uma censura reprovável, ainda assim branda se comparada com a censura de pensamento e liberdade de expressão que vivenciamos hoje no período alexandrino.

Nas universidades federais, onde se forma o intelectual militante, a esquerda dominou completamente os espaços, sobretudo nas faculdades de humanas. Isso aconteceu com o consentimento dos militares – é sempre forçoso reconhecer –, que acreditavam que, ao dar de bom grado o controle da indústria cultural brasileira para a esquerda, esta iria "se comportar" e, dessa maneira, o país seria pacificado.

Aqui, é preciso fazer uma ressalva sobre um tema muito recorrente atualmente: polarização. A polarização é apontada pela *intelligentsia*[3] (jornalistas, "analistas políticos", "especialistas" etc.) como algo negativo e como um impedimento para a "pacificação" do país. Ocorre que a polarização nada mais é do que a manifestação de ideias divergentes ou antagônicas. Durante muitos anos, no Brasil, vivemos uma falsa disputa ideológica: PT e PSDB se apresentavam como ocupantes de polos opostos quando, na verdade, ambos estão no campo da esquerda.

O PSDB é uma espécie de esquerda fabiana,[4] ou *soft left*. Pode ter um viés liberal em matérias econômicas, mas, do ponto de vista dos valores, é de esquerda. Uma esquerda que toma banho, mas, ainda assim, esquerda. Isso apesar de os dirigentes petistas terem especial apreço por roupas caras, restaurantes sofisticados e relógios de luxo. O que, aliás, se verifica desde a *nomenklatura* soviética até os dias atuais: não há regime socialista no mundo no qual seus dirigentes não gozem de todos os privilégios e luxos do capitalismo enquanto a população passa fome. É uma regra desse modelo.

Mas, se resta alguma dúvida de que PSDB e PT são faces da mesma moeda[5], basta ver a chapa que assumiu o poder neste ano, no Brasil. Ainda que o vice-presidente tenha mudado de partido poucos meses antes da eleição, ele fundou e militou no PSDB por mais de 30 anos, período em que

---

3   Originalmente, a *intelligentsia* designava os intelectuais russos no fim do século XIX. Posteriormente, o termo foi ampliado para fazer referência aos intelectuais de um grupo ou sociedade. Gramsci, como veremos adiante, tem outra definição.

4   O fabianismo é uma doutrina que acredita que a sociedade deve evoluir, pragmática e gradualmente, por meio de reformas, para o socialismo.

5   O documentário *O Teatro das Tesouras*, da Brasil Paralelo, aprofunda esse tema.

fazia "duras críticas" ao petismo, que viria a abraçar por conveniência política mais tarde.

Ou seja, a polarização surge, de fato, com a chegada de Jair Bolsonaro ao poder. Causa e consequência de um despertar da direita brasileira. Então, o antagonismo político, natural de qualquer democracia, passou a ser visto como algo negativo. Dizia-se que a direita precisava ser mais pacífica, mais comportada e mais dócil. Isso recebendo do outro lado todo tipo de agressões, ataques e difamações cotidianamente. Portanto, toda vez que mencionarem a polarização como algo negativo, lembre-se de que a discordância é parte essencial de qualquer democracia.

O *establishment* persegue o conservadorismo porque este aponta de forma direta sua hipocrisia. Em contrapartida, o sistema atua para que só exista uma certa "direita permitida": não muito polêmica e não muito barulhenta. Quem ousa sair desse modelo "autorizado" é perseguido, tem suas redes sociais canceladas e é, muitas vezes, apontado como radical ou de "extrema direita" apenas por dizer o óbvio e lutar por liberdade. E há, claro, oportunistas que vestem o modelito "direita trans" (são de centro, mas se identificam como direita) para ficar só com o bônus, sem o ônus de se posicionar, de fato, como um representante da direita.

Mas, voltando à ideia dos militares em "pacificar o país" naquele período, o que eles não enxergavam é que o campo de batalha havia se transferido totalmente para a esfera cultural. O que eles conseguiram com essa visão míope da guerra política foi fortalecer enormemente o inimigo que pretendiam combater. Como Gordon destaca:

> A hegemonia cultural da esquerda é efeito da concepção particularmente autoritária e arrogante da elite fardada acerca da relação entre Estado e sociedade, concepção fundada no fetiche positivista da técnica e da ciência.

Ainda que a produção cultural brasileira, sob a predominância marxista, tenha florescido em escala no período da "repressão", perdeu significativamente em beleza, elevação e imaginação com a "missão" de, mais uma vez, negar as tradições, destruir crenças e substituir valores. Começam a surgir, sobretudo a partir da década de 1960, um sem-fim de "intelectuais" completamente desprovidos de referenciais da cultura clássica ocidental, seja nas letras, na música ou no cinema.

Aqui, é importante fazer um esclarecimento: cultura clássica ou tradicional não tem a ver com cultura de elite ou elitizada. Esse é um dos argumentos usados por pseudointelectuais para colocarem-se como tutores da população quando se trata de fruição cultural. Como se o povo não tivesse condições de apreciar a beleza da arte produzida com elevados padrões estéticos e morais. Embora, como dito anteriormente, até o conceito de belo seja questionado para que, em seu lugar, seja colocado o que pode haver de mais grotesco em termos de produção "artística".

Aliás, foi Simone de Beauvoir – ícone das feministas, defensora da pedofilia, colaboradora dos nazistas no governo de Vichy e uma pessoa questionável sob todos os aspectos morais e, logo, idolatrada pela esquerda – quem disse que era "preciso erguer o povo à altura da cultura, e não rebaixar a cultura ao nível do povo". Ou seja, é a esquerda que tem os maiores preconceitos que diz combater, numa lógica moralista relativa, como é sabido. Seu líder político foi Benito Amilcare Andrea Mussolini, *que militou muitos anos no Partido Socialista Italiano, onde se destacou, e disse que a revolução "jamais sairia de seu coração"*, e comandou o país entre 1922 e 1943.

Sabemos também, por óbvio, que a primeira coisa que um esquerdista dirá ao ver o título deste livro é: "Guerra Cultural não existe, isso é uma invenção da *extrema direita*". Aliás, é comum ver esquerdistas acusando a direita de promover uma Guerra Cultural. Mas essa é justamente a questão: a negação da realidade é uma das características mais profundamente arraigadas na alma de todo esquerdista.

Aqui, é preciso fazer outra pausa na jornada para uma digressão extremamente necessária. Uma lida em publicações esquerdistas, como o *site* do Partido Comunista ou a revista *Focus* da Fundação Perseu Abramo (um dos principais *think tanks* da esquerda), por exemplo, nos permite ver que a expressão Guerra Cultural é citada repetidamente. Parlamentares de esquerda e mesmo o governo atual mencionam a Guerra Cultural que o "governo anterior promoveu". Nesse contexto, como por mágica, ela passa a existir. No entanto, eles a usam nos seguintes termos: *é preciso combater a Guerra Cultural, a "extrema direita neofascista"*. O *mainstream* midiático, quando admite que há uma Guerra Cultural em curso, também vai colocar nesses termos.

Esse modo de ataque constante e automático da esquerda (quase um vômito político) de rotular seus adversários com "palavrões históricos" não é novidade, e também não é desprovido de técnica e método. Por isso, é importante falarmos a respeito desse caso específico. Nos últimos anos, não apenas no Brasil, ficou evidente a tentativa de adesivar as pessoas e os políticos de direita com o rótulo de fascista. Mas também é evidente que quase ninguém que faz essa acusação sabe o que é fascismo, de fato. E os que têm conhecimento também sabem que é uma acusação que não se aplica à direita. Porém, como vivemos em um tempo em que os FATOS importam menos do que as NARRATIVAS,[6] é extremamente complexo se descolar dessa adesivagem. Conhecer as origens do termo talvez ajude.

O fascismo é uma doutrina ultranacionalista e totalitária, surgida na Itália no início do século XX. Seu líder político foi Benito Amilcare Andrea Mussolini, que comandou o país entre 1922 e 1943. Seu pai, Alessandro, foi um ativista socialista e revolucionário, que batizou o filho com o nome de três líderes socialistas: Benito Garcia, Amilcare Cipriani e Andrea Costa.

Assim como o capitalismo e o comunismo têm seus "pais" – Adam Smith e Karl Marx –, o fascismo tem seu pai intelectual: Giovanni Gentile, nome que muito provavelmente 99,9% dos "especialistas" em fascismo jamais ouviram falar. Embora houvesse outros "pensadores", Gentile foi o "filósofo do fascismo" e seu principal mentor intelectual. Entre várias obras desse tema, ele escreveu, junto com Mussolini, *La Dottrina del Fascismo* (algo como o *Mein Kampf* de Hitler).

---

[6] Conceito de pós-verdade; escolhida a palavra do ano pelo Dicionário Oxford em 2016, onde os fatos têm menos importância na construção da realidade do que as crenças e opiniões individuais.

No Manifesto Fascista, de 1919, um dos documentos seminais da doutrina, já se podia antever a linha ideológica seguida por eles:

- Convocação de Assembleia Nacional composta por trabalhadores e sindicatos.
- Sindicalização dos meios de produção.
- Expropriação parcial de bens e redistribuição das riquezas.
- Imposto progressivo sobre o capital e sobre herança.
- Confisco de todos os bens da Igreja e abolição dos bispados.

E não é só isso. Gentile acreditava que a família era uma extensão do Estado: *"Tutto è nello Stato e nulla di umano esiste o ha valore al di fuori dello Stato"* [Tudo está no Estado e nada que é humano existe ou tem valor fora do Estado], escreveu Gentile na *Doutrina do Fascismo*. Nada mais distante do pensamento de direita, que entende que o Estado não pode se sobrepor ao indivíduo quanto às suas escolhas.

Para os fascistas, o Estado era o pai, o líder da grande família, que decidia o que era melhor para seu futuro. A distinção entre público e privado, para eles, era uma abstração equivocada, porque o indivíduo só seria pleno no conjunto do Estado. Daí o símbolo do fascismo: um *fascio*, ou seja, um feixe de varas amarradas. Individualmente, são fáceis de quebrar. Juntas, se tornam fortes. O detalhe é que esse feixe era amarrado em um machado. E, na Roma Antiga, um *fasces* (feixe, em latim) era portado pelos magistrados e simbolizava o poder de castigar e decapitar.

Quando Mussolini assume o poder na Itália, Gentile se torna o ministro da Educação, cargo no qual pode implementar sua doutrinação autoritária por meio de reformas sociais e pedagógicas nas escolas italianas. Gentile também era grande admirador de Marx. Ele traduziu trabalhos do alemão para o italiano e escreveu um livro sobre sua obra (*La Filosofia di Marx*). Assim como o ídolo, Gentile também se identificava como ateu, o que talvez explique o avanço sobre os bens da Igreja, proposto no Manifesto.

Apesar de sua admiração por Marx, Gentile também não acreditava no comunismo puro e simples. Para ele, o socialismo estava fortemente vinculado ao nacionalismo e teria que partir dessa premissa para ter êxito. Vale lembrar que a palavra "nazista" era o acrônimo para Partido Nacional Socialista dos Trabalhadores Alemães, que também tinha seu manifesto, lançado alguns meses depois do italiano, avalizado por Hitler e com itens bem semelhantes. Vejamos:

- Divisão dos lucros das indústrias.
- Nacionalização das indústrias associadas.
- Reforma agrária.
- Expropriação de terras para utilidade pública.
- Estatização e controle do sistema educacional.
- Regulação e controle da imprensa.
- A utilidade comum precede a utilidade individual.

Costuma-se muito facilmente atribuir ao nazismo a etiqueta de "extrema direita", entre outros argumentos, pelo fato de Hitler ser (posteriormente) anticomunista. No entanto, Hitler também era anticapitalista e antiliberal. Do ponto de vista religioso, permitiu que os alemães seguissem suas crenças, mas o partido jamais aderiu a uma denominação religiosa e, por fim, seus membros acreditavam ser eles mesmos uma nova religião.

A esquerda costuma associar a Igreja Católica a esses regimes, numa clara tentativa de reforçar sua tese particular (novamente, defendida hoje pelo estamento cultural) de que o fascismo e o nazismo eram movimentos de direita. Sobre isso, é obrigatório lembrar que o papa Pio XI combateu fortemente esses regimes. O Tratado de Latrão, assinado pela Igreja e pelo governo de Mussolini em 1929, reconhecendo a soberania do Vaticano, é usado também para reforçar essa ideia. Ocorre que o papa nem sequer participou da assinatura – ele enviou o secretário da Santa Sé para representá-lo. Em 1931, o papa publicou a Carta Encíclica *Non Abbiamo Bisogno*[7] [Nós não precisamos], onde fazia severas críticas ao fascismo italiano.

---

[7] https://www.vatican.va/content/pius-xi/it/encyclicals/documents/hf_p-xi_enc_19310629_non-abbiamo-bisogno.html

Depois disso, Pio XI publicou, em 1937, duas Cartas Encíclicas: *Mit Brennender Sorge*[8] [Com ardente preocupação] e *Divinis Redemptoris*[9] [Divino Redentor]. A primeira, condenando o nacional-socialismo alemão (nazismo) e sua ideologia racista; a segunda, dias depois, condenando o comunismo, o qual chamou de perigoso por se propor "a revolucionar radicalmente a ordem social e subverter os próprios fundamentos da civilização cristã". Ou seja, a Igreja jamais apoiou esses regimes.

O fato é que tanto o fascismo como o nazismo e o comunismo são ideologias nefastas, totalitárias e genocidas. O comunismo, no entanto, apesar de ter massacrado infinitamente mais pessoas ao longo de sua história, conseguiu trabalhar, com muita técnica e método, sua "marca". Logicamente, em um ambiente de Guerra Cultural dominado pela hegemonia esquerdista, todas essas informações são suprimidas do debate público. E, embora estejam disponíveis a quem tiver disposição e honestidade intelectual para pesquisar, são convenientemente deixadas de fora da narrativa corrente. Isso reforça a importância de romper a espiral do silêncio.[10]

No livro *A Mente Esquerdista: As Causas Psicológicas da Loucura Política,* o psiquiatra americano Lyle Rossiter faz um exame da mente dos esquerdistas, descrevendo-os como pessoas que costumam negar a realidade e a responsabilidade pessoal, racionalizam a violência, justificam a criminalidade, atacam a tradição social e religiosa, entre outros comportamentos conhecidos. É como se o sistema límbico, responsável por

---

8   https://www.vatican.va/content/pius-xi/de/encyclicals/documents/hf_p-xi_enc_14031937_mit-brennender-sorge.html

9   https://www.vatican.va/content/pius-xi/pt/encyclicals/documents/hf_p-xi_enc_19370319_divini-redemptoris.html (versão em português)

10 Teoria proposta pela alemã Elisabeth Noelle-Neumann, segundo a qual as pessoas omitem suas opiniões para evitar críticas, conflitos ou isolamento, acreditando que sua opinião diverge da maioria. Como a esquerda domina o campo dos "formadores de opinião" (imprensa, academia, cultura etc.), faz parecer que sua cosmovisão representa a maioria.

regular sentimentos e emoções e, por consequência, a vida em sociedade e os limites morais, tivesse um "defeito de fabricação" na mente esquerdista. A moral relativa, ou a relativização moral, típica dos marxistas, é confessada por eles mesmos. Basta ver um discurso de um esquerdista para confirmar a teoria.

Este livro será criticado também por outra razão muito simples: **eles, universidades, redações, cinema, literatura e demais arenas culturais, não nos querem nas trincheiras que vêm mantendo e cultivando há muito tempo.** Então, é para lá que devemos ir. Mas, para isso, é importante trazer algumas ideias que serviram de referencial teórico para a esquerda durante as últimas décadas, para conhecermos de onde vêm suas técnicas e métodos. Ou seja, essas teorias foram verdadeiros manuais para o autodenominado "campo progressista".[11]

HEGEMONIA CULTURAL

Mais sutil e eficiente que a Revolução Cultural Chinesa, mas igualmente perigosa, a hegemonia cultural é um conceito criado pelo marxista italiano Antonio Gramsci que propõe, resumidamente, a dominação ideológica por meio do uso de mecanismos culturais (artes, literatura, cinema, imprensa, universidades etc.). Gramsci viveu os agitos revolucionários do início do século XX e ingressou na política por meio do Partido Comunista Italiano (PCI). Foi eleito deputado em 1924 e, em 1926, foi preso, momento em que produziu grande parte de sua obra, apesar da saúde debilitada.

---

11 Esse termo é outro exemplo do uso da linguagem. Ao se autodefinirem como "progressistas" (algo bom, em tese), os esquerdistas colocam em si mesmos um adesivo positivo. O progresso é bom para a sociedade, logo, se eles são progressistas, querem o bem coletivo. Primeiramente, a esquerda representa a destruição da sociedade; segundo, o progresso é positivo quando leva em consideração os valores que devem ser mantidos. Ser conservador não é ser contra o progresso. Ao contrário, é querer que o progresso se dê em bases experimentadas e aprovadas no teste do tempo.

Com algumas discordâncias em relação ao marxismo clássico, ele entendia que a dominação por meio da violência só poderia acontecer em Estados ditatoriais e totalitários que, a longo prazo, não eram sustentáveis. Segundo o italiano, ainda que não tenha rechaçado a luta armada, era mais eficiente controlar os meios culturais e, usando-os como propagadores da ideologia marxista, impor à sociedade sua maneira de ver o mundo. Em pouco tempo, esses próprios atores, que ele chamava de "intelectuais orgânicos", se tornavam os maiores defensores e propagadores dessa cosmovisão. Gramsci entendia a cultura como "expressão da sociedade". Logo, um meio para a dominação do pensamento das massas e, posteriormente, do predomínio ideológico.

De um modo muito resumido (o tema merece aprofundamento e há muitas obras que cumprem melhor esse papel), Gramsci propõe um avanço na teoria marxista do materialismo histórico ao perceber a necessidade de persuasão, de convencimento das massas, da busca do consenso. Dessa forma, ele amplia sua episteme em direção à esfera da cultura. A luta de classes já não é algo que faça total sentido para o proletariado, uma vez que os próprios trabalhadores estão inseridos no sistema capitalista e dele também usufruem (poder aquisitivo, acesso a bens de consumo, qualidade de vida etc.). O marxista italiano entende que a transformação social não aconteceria por meio de revoluções armadas, mas sim pela penetração no pensamento da sociedade, que se daria através dos meios culturais a médio e longo prazos, promovido pela intelectualidade simpática ao marxismo (já que era formada e influenciada por ele).

O intelectual orgânico é umas das categorias[12] que devemos sublinhar nessa rápida passagem pela doutrina gramsciana. Como dito anteriormente, ele seria o mediador entre a construção da hegemonia da classe dominante e a reestruturação política e moral que a cultura demandaria.

---

12 O pensamento de Gramsci – sobretudo no que se refere à cultura, ideologia e hegemonia – é organizado de forma categorial.

Podemos identificar esse intelectual orgânico na academia (professores e, por consequência, alunos); na imprensa (jornalistas); na cultura *stricto senso* (artistas, cantores etc.); nos políticos ideologicamente alinhados; na Igreja (a Teologia da Libertação foi/é importante motor nesse meio); e, até mesmo, no âmbito jurídico. Note-se que o sistema hegemônico se retroalimenta: universidades formam profissionais (professores, jornalistas, advogados, sociólogos, cientistas políticos etc.), que (re)produzem pensamentos já previamente estabelecidos do ponto de vista marxista; os jornalistas, formados por esses professores, produzem notícias desde uma perspectiva esquerdista; que, por sua vez, influenciam até mesmo decisões judiciais,[13] e dessa forma todo um *ethos* cultural vai se formando e se renovando *ad infinitum*.

Importante registrar que as obras de Gramsci só foram publicadas no Brasil nos anos 1960. Ou seja, mais de 30 anos após terem sido escritas. Por aqui, haviam circulado artigos sobre o italiano entre membros do Partido Comunista Brasileiro (PCB). No entanto, eram textos sobre sua condição de preso político e figura do PCI. Assim, suas teorias não circulavam antes disso. Na Itália, as obras completas de Gramsci só foram publicadas em 1975.

As primeiras edições no Brasil surgem no período entre 1966 e 1968, como fala o próprio Carlos Nelson Coutinho, organizador e tradutor da obra de Gramsci no país, em artigo publicado em uma revista mexicana.

> Entre 1966 e 1968, no período em que as contradições internas do regime ditatorial brasileiro, instaurado em 1964, ainda permitiam uma relativa margem de liberdade no campo cultural, ocorreu uma corajosa iniciativa editorial: em três anos, foram publicadas cinco das

---

13 Muitas decisões judiciais têm, como base, artigos e matérias de jornal. Estas, muitas vezes, são completamente tendenciosas. Em uma época de pós-verdade, os fatos não têm a força de moldar a realidade, e sim as opiniões, crenças e ideologias.

mais importantes obras de Antonio Gramsci, até então inéditas na língua portuguesa.[14]

Vejam que o próprio Coutinho admite que os marxistas tinham liberdade no terreno cultural, como dissemos anteriormente. Em 1968, há um recrudescimento, com o AI-5, para logo depois haver o "libera geral", quando a esquerda toma conta, com o aval do regime, dos meios de ação culturais no Brasil.

Como bem lembra Flávio Gordon, no já mencionado *A Corrupção da Inteligência,* apesar de as teorias de Gramsci chegarem por aqui com algumas décadas de atraso, nem por isso deixaram de causar um estrago fenomenal no estamento cultural brasileiro, sobretudo na academia. Embora, claro, para a esquerda, as teorias do italiano tenham caído como uma luva no momento de substituir a luta armada pela dominação do pensamento coletivo.

> Depois de aniquilada a luta armada, e com os primeiros sinais de um projeto de abertura política que fez surgir novos movimentos sociais e organizações da sociedade civil, o pensamento de Antonio Gramsci começa a ser reavaliado pela esquerda, transbordando da universidade para o campo político, e adquirindo um caráter mais utilitário (conquistando em termos de poder de ação o que eventualmente perdia em acuidade teórica).

Ao reler o trecho acima, lembrei de outra citação, dessa vez do professor Olavo de Carvalho, o homem que melhor entendeu a importância da Guerra Cultural no Brasil.

> Quando terminou a era dos governos militares, em 1988, só quem era ainda conservador no Brasil era o povão mudo, desprovido de

---

14 *Cuadernos Políticos*, número 46, México, 1986, pp. 24-35.

> canais para fazer valer suas opiniões, enquanto o espaço cultural inteiro – mídia, movimento editorial, universidades, escolas secundárias e primárias etc. – já era ocupado, gostosamente, pela multidão de tagarelas da esquerda que ainda mandam e desmandam no panorama mental brasileiro. Aos sucessos retumbantes que obteve na economia e no combate às guerrilhas, a ditadura aliou, em triste compensação, uma cegueira ideológica indescritível, que expulsou a direita do cenário público e entregou o espaço inteiro àqueles que até hoje o dominam.[15]

Para o intelectual orgânico brasileiro – esse tipo meio preguiçoso meio pedante, mas que ostenta virtudes de (se achar) grande protetor dos "fracos e oprimidos" –, uma doutrina que o colocasse como mediador (tutor) de parcela da população deu a ele uma razão de ser no mundo. Na fala do próprio Gramsci:

> Cabe observar que a massa dos camponeses, ainda que desenvolva uma função essencial no mundo da produção, não elabora seus próprios intelectuais "orgânicos" e não "assimila" nenhuma camada de intelectuais "tradicionais".[16]

Como defensor de nobres valores que jura proteger, o intelectual orgânico brasileiro (como os esquerdistas em qualquer latitude) se permitia as maiores corrupções. Afinal, "a causa" (essa abstração que abarca toda e qualquer agenda), aceita todas as transgressões morais possíveis, mas sempre em nome da "democracia", da "liberdade" e da "justiça social". Isso porque, ao querer impor uma nova moral (a moral relativa dos comunistas), o intelectual revolucionário, de forma afetada, diz defender valores

---

15 "Por que a direita sumiu", Olavo de Carvalho, 2012, olavodecarvalho.org.
16 *Os Intelectuais e a Organização da Cultura*, Antonio Gramsci, Editora Civilização Brasileira, 1982.

da "velha moral" para que os incrédulos o tenham na conta de genuinamente preocupado com o bem comum. Nada mais distante da realidade, como quase tudo no discurso esquerdista.

Ainda que, como vimos, as teorias do marxista italiano tenham chegado muito tempo depois ao país, a deterioração cognitiva e moral nas "cabeças pensantes" brasileiras foi tremenda e quase total. A ideia de uma hegemonia cultural, ainda que mal formulada teoricamente, era música para os ouvidos esquerdistas. Recorrendo novamente ao professor Olavo:

> Jornalistas, professores e similares, os "formadores de opinião" ou "intelectuais", no sentido calculadamente elástico que Antonio Gramsci dá ao termo, são a vanguarda da revolução. Sua função não consiste em mostrar o mundo como ele é, mas transformá-lo naquilo que ele não é. Deformar propositadamente o quadro, portanto, é seu dever profissional número um.

Diante desse breve resumo das teorias do marxista italiano, idolatradas e implementadas pela esquerda brasileira, é necessário lembrar o que o professor Olavo de Carvalho insistentemente enfatizava: enquanto não tivermos influência nos meios de ação (academia, imprensa, Judiciário, meio "artístico"), não será possível mudar a política do Brasil. Ainda que tenhamos eleito um presidente que fez um excelente governo, ele pouco ou nada pôde diante de um estamento ideologicamente aparelhado de cabo a rabo e que resiste ferozmente ao ressurgimento do conservadorismo no país.

Por fim, embora os postulados de Gramsci tenham encontrado solo fértil na esquerda tupiniquim, é preciso reconhecer que outros pensadores, com objetivos semelhantes ao do comunista italiano, formularam, de forma quase contemporânea, teorias que continuam a influenciar a esquerda brasileira e mundial.

ESCOLA DE FRANKFURT

Aqui chegamos ao que há de mais refinado e eficiente em termos de Guerra Cultural. A Escola de Frankfurt levou o entendimento da disputa política a um patamar muito sofisticado. Até hoje, passados 90 anos de suas primeiras formulações, os postulados propostos pelos expoentes desse grupo seguem influenciando o jogo político. E o que é mais assombroso: a grande maioria dos atores políticos (e, sobretudo, o público) nem sequer tem consciência disso.

O Instituto de Pesquisas Sociais, como de fato se chamava a Escola, funcionava dentro da Universidade de Frankfurt, porém de forma autônoma e independente, bancada por um rico empresário. Como, aliás, boa parte dos *think tanks* da esquerda atualmente.

Por sorte, temos neste livro um dos maiores conhecedores do tema: Cristián Iturralde, que nos brinda com um capítulo fantástico, e sua obra *Escola de Frankfurt e o Início da Nova Esquerda* é uma leitura simplesmente obrigatória para compreender esse jogo. Iturralde mostra como os frankfurtianos perceberam que o materialismo histórico, proposto por Marx e Engels, já não daria conta das contradições do socialismo, e propuseram uma "teoria crítica" que adaptaria os preceitos do marxismo para além da luta de classes e da revolução armada.

> Eles não demoraram a encontrar a resposta: a verdadeira e mais efetiva revolução é a do pensamento. E esta deve se desenvolver de um modo não violento e de forma paulatina, por meio da subversão de todas as esferas da cultura.[17]

Ou seja, como o desenvolvimento socioeconômico trouxe junto a inevitável melhora nas condições de vida do trabalhador, que também era beneficiado pelo capitalismo, era preciso dar um novo sentido de orientação às

---

17　*Escola de Frankfurt e o Início da Nova Esquerda*, Cristián R. Iturralde, Vide Editorial, 2022.

massas, ainda que elas nem percebessem isso. Notam-se, claro, algumas semelhanças com as teorias de Gramsci. Os frankfurtianos e o italiano entendiam que a revolução armada não funcionaria nos países ocidentais. Ambos criticavam o materialismo histórico. Além do fato de que tanto os frankfurtianos quanto Gramsci vislumbraram que a médio e longo prazos o domínio social por meio da cultura seria muito mais eficiente.

Todavia, enquanto Gramsci se encontrava preso e mantinha seu ímpeto revolucionário, ainda que sob outras bases, os frankfurtianos podiam circular livremente nos meios acadêmicos, tinham vultosos patrocínios e décadas de produção pela frente, e isso lhes deu uma vantagem em relação à hegemonia cultural gramsciana. É preciso, no entanto, não perder de vista a influência que ambas as "escolas" tiveram no *ethos* esquerdista: o marxismo cultural seria o aríete para derrubar as portas da sociedade ocidental.

Isso se daria por meio da implantação de uma nova ordem moral e cultural, apagando qualquer resquício, como vimos anteriormente, da tradição, de crenças religiosas e da cultura clássica. A Escola de Frankfurt traz também elemento das "minorias", o que nos legaria questões de gênero, linguagem, homossexualismo, feminismo etc. Buscamos auxílio, novamente e inevitavelmente, em Olavo de Carvalho:

> A teoria crítica se abstinha de propor qualquer remédio para os males do mundo e buscava apenas destruir: destruir a cultura, destruir a confiança entre as pessoas e os grupos, destruir a fé religiosa, destruir a linguagem, destruir a capacidade lógica, espalhar por toda parte uma atmosfera de suspeita, confusão e ódio. Uma vez atingido esse objetivo, alegavam que a suspeita, a confusão e o ódio eram a prova da maldade do capitalismo. Com toda a certeza, a influência da Escola de Frankfurt, a partir dos anos 60 do século passado, foi muito maior sobre a esquerda nacional que a do marxismo-leninismo clássico.

Os teóricos alemães haviam compreendido que, para ir além das fronteiras soviéticas (onde o ciclo revolucionário se completara e seguia sua marcha) e atingir o mundo ocidental de forma abrangente, não seria mais o proletariado a liderar a revolução, embora a esquerda tenha mantido, de forma astuta, o protagonismo simbólico no trabalhador (e, mais recentemente, nas "minorias identitárias"). Mas, de fato, quem liderou nas últimas décadas o avanço da pauta esquerdista – preparando terreno para as ações políticas – foram os intelectuais, a academia, os atores culturais e *tutti quanti*. Não por esforço individual (a que não são muito chegados), mas pela alienação construída sistemática e coletivamente nesses meios. Ainda recorrendo a Iturralde:

> Era claro, pois, que para chegar aos povos ocidentais e conquistar suas vontades não eram suficientes os panfletos de barricada, o sentimentalismo, os tanques ou líderes políticos carismáticos e fervorosos. Era preciso penetrar o pensamento pela consciência, gerar uma mudança de paradigmas socioculturais que permitissem cooptar as vontades sem que as pessoas suspeitassem que eram vítimas de uma manipulação mental: que trabalhassem para a revolução sem o saber. Eis o triunfo máximo da esquerda em sua história.[18]

A cegueira estratégica em relação a esses movimentos não foi só dos militares brasileiros. Os movimentos de dominação cultural avançavam em todo o mundo ocidental. No pós-guerra, acreditava-se que o desenvolvimento social e econômico, sobretudo a partir dos anos 1950, enterraria de vez a ideologia marxista, a ponto de um influente intelectual americano escrever o livro *O Fim da Ideologia*[19] afirmando que havia no "mundo oci-

---

18 *Op. cit.*

19 Daniel Bell era um sociólogo neoconservador americano que acreditava que a abundância econômica acabaria naturalmente com as ideologias marxistas.

dental um robusto consenso entre os intelectuais de que a aceitação do *welfare state*, desejo de descentralização do poder e um sistema de economia mista e plural haviam decretado o fim da era ideológica". Uma visão otimista, típica daquele período histórico, porém, muito ingênua. Nessa mesma época, para se ter uma ideia, a Escola de Frankfurt funcionava dentro da Universidade de Columbia! Isto porque seus integrantes fugiram para os Estados Unidos no período nazista. A Escola só retornou de fato a Frankfurt em 1953, embora muitos de seus membros tenham decidido permanecer nos EUA, dentro das universidades estadunidenses, onde obviamente potencializavam a difusão de suas doutrinas.

O foco do Ocidente, então, durante o período da Guerra Fria, foi combater geopoliticamente o comunismo ao redor do mundo – deixando completamente de lado a questão cultural.

> Os efeitos dessa desatenção ou subestimação do fenômeno fizeram-se sentir rapidamente, tendo explodido no final dos anos 60 e 70, com uma juventude abandonada ao irrealismo político, ao hedonismo e à libertinagem sexual, às drogas e à cultura da irresponsabilidade. A estratégia contracultural tinha dado resultado.[20]

Ao final desse período histórico, com a queda do Muro de Berlim (1989), o desmantelamento da União das Repúblicas Socialistas Soviéticas e a independência dos países componentes do bloco (1991), cometeu-se outro erro de leitura fenomenal. Em 1989, Francis Fukuyama, um graduado acadêmico nipo-estadunidense, escreveu o artigo "O fim da história e o último homem", transformado em livro em 1992 com o mesmo título, onde afirmava categoricamente: "A história, como luta de ideologias, terminou, com um mundo final baseado em uma democracia liberal que se impôs depois do fim da Guerra Fria".

---

20 *Op. cit.*

Com um otimismo triunfante, quase infantil, Fukuyama não percebeu, assim como quase todo o mundo, que o que havia caído era apenas a parte geopolítica e econômica do marxismo. Mas, como os próprios esquerdistas já haviam percebido, seu vetor fundamental era a dominação cultural, e esta continuava mais viva do que nunca.

Enquanto um lado comemorava sua "vitória", a esquerda se reorganizava. Como o próprio Lênin dissera em 1920: "Se para conservar o poder precisarmos inverter completamente nossa orientação, assim o faremos". Na América Latina, por exemplo, a esquerda se reuniu em 1990, em São Paulo, para discutir a melhor estratégia para lidar com o novo cenário político mundial. Dali surgiu o Foro de São Paulo. Um bloco muito organizado, que produziu e produz presidentes para diversos países latino-americanos, com uma agenda em defesa da "democracia popular" (acionar alerta), do anti-imperialismo, do ambientalismo, da igualdade etc. Na verdade, é um poderoso *think tank* da esquerda mundial e, apesar de derivações como o Grupo de Puebla, segue liderando a estratégia política dessa turma.

A direita, infelizmente, ainda não tem nada parecido em termos de integração e organização estratégica, apesar de algumas boas iniciativas isoladas e esporádicas.

Outra correta leitura histórica dos teóricos de Frankfurt foi o sentimento antitotalitário surgido no pós-guerra. Ainda que a União Soviética estivesse sob o comando do sanguinário Josef Stálin, que cometeu os maiores absurdos ditatoriais, quando se quisesse desacreditar um adversário, era preciso acusá-lo de "fascista", "nazista" ou "antidemocrático". O comunismo, apesar de seus genocídios de dezenas de milhões de pessoas, jamais entrou no arco de insultos políticos. Uma normativa do Comitê Central do Partido Comunista da União Soviética (PCUS) ordenava:

> Nossos camaradas e os membros das organizações amigas devem continuamente envergonhar, desacreditar e degradar os críticos. Quando os obstrucionistas se tornarem muito irritantes, deve-se

> etiquetá-los como fascistas ou nazistas. Essa associação de ideias, depois das repetições suficientes, acabará sendo uma realidade na consciência das pessoas.

Como vimos antes, qualquer semelhança com o que acontece hoje no Brasil e no mundo em relação ao espectro político da direita não é, definitivamente, mera coincidência. Há técnica, método e orientação nesse sentido. Esse "salvo-conduto" do comunismo se deu porque, já então, a dominação do estamento cultural, midiático e acadêmico estava nas mãos da esquerda. Em 1965, Herbert Marcuse, um dos mais proeminentes teóricos da Escola, lança o ensaio "Tolerância repressiva", no qual diz, de forma explícita, que "deve-se tolerar os movimentos da esquerda, mas ser intolerante com os movimentos da direita". Ou seja, à esquerda estão permitidas ações, discursos, atitudes e palavras que à direita estão vedadas, confirmando que a contradição permanente é a marca mais significativa da esquerda. E quem garante que as coisas aconteçam, de fato, dessa forma? Basta ver o que ocorre exatamente neste momento em nosso país, e veremos que a esquerda e todo seu aparato de apoio seguiu à risca os ensinamentos de Marcuse, que afirmava, também sem preocupação em esconder suas intenções, que "não se deve dar margem à oposição".

Outros frankfurtianos sugeriram semelhantes normas a serem seguidas para banir os adversários do debate público. Erich Fromm, ainda nos anos 1930, idealizou um questionário a ser aplicado em trabalhadores alemães, classificando-os como "autoritários", "revolucionários" ou "ambivalentes", para então medir seu grau de adesão ao comunismo. O rótulo de "autoritário" se destinava àqueles que manifestassem apego à família, ao cristianismo e à moral tradicional.

Theodor Adorno criou uma escala para medir o grau de fascismo de um indivíduo. O método, que ficou conhecido como "Escala F de Adorno", não respeitava nenhuma metodologia científica senão as próprias crenças de seu formulador. Novamente, pessoas que valorizavam a família eram, segundo ele, fortemente fascistas e autoritárias.

> Toda hierarquia está baseada na prepotência de um lado e na submissão de outro. A família é uma fábrica da ideologia reacionária na qual o pai é o ser superior diante de quem o filho é obrigado a se identificar de modo masoquista.[21]

Talvez umas sessões de terapia tivessem evitado esse legado catastrófico. Mas o fato é que ele teve forte influência na esquerda mundial, que se faz sentir até hoje. Os homens de Frankfurt, inclusive, receitaram que não se deveria, no entanto, promover a destruição imediata da família, mas sim remodelá-la, retirando dela todas as suas referências tradicionais e naturais.

Todas essas pseudoteorias tinham, evidentemente, um objetivo político. Ou seja, o cumprimento do objetivo maior do marxismo: a destruição da sociedade como estava estabelecida e a substituição por outra, revolucionária e socialista. Recorrendo, uma vez mais, a Cristián Iturralde:

> Na verdade, o que se buscava com isso era sobretudo estereotipar de modo negativo – supostamente científico – certas atitudes, tradições e valores da sociedade ocidental cristã, para conseguir primeiro sua condenação social – e logo seu castigo –, arrastando-os a certa marginalidade enquanto ao mesmo tempo os setores minoritários eram direta e indiretamente "empoderados", naturalizando suas particularidades, contanto que fossem contrárias à velha e vigente ordem sociocultural e religiosa.[22]

Ao longo de sua extensa trajetória, a Escola de Frankfurt produziu dezenas de teorias, estudos, postulados e hipóteses (aqui fizemos apenas um breve sobrevoo) que continuam até hoje influenciando novos pesquisadores e estudiosos do campo acadêmico. Como já vimos, esse é um

---

21 *Estudos sobre a Personalidade Autoritária*, Editora Unesp, 2019.

22 *Op. cit.*

universo ainda dominado pela esquerda. Daí a importância de buscar entender o legado desses autores para melhor lidar com os desafios impostos pela Guerra Cultural.

A partir de agora, o leitor poderá conhecer um pouco mais da aplicação das teorias gramscianas, frankfurtianas e marxistas, em situações práticas. Os autores a seguir nos brindam com excelentes abordagens sobre a Guerra Cultural.

MANIPULAÇÃO DA LINGUAGEM

Lara Brenner

Professora de Língua Portuguesa, advogada licenciada, fundadora do Expressando Direito — Curso Prático de Português Jurídico e do Texto Irresistível no Curso de Boa Escrita e Gramática Normativa.

Colaboração de
Luciano Pires

Luciano Pires é um empreendedor digital, autor de dez livros e criador e apresentador dos renomados podcasts Café Brasil, LíderCast e Cafezinho. Seu trabalho concentra-se na responsabilidade individual por provocar mudanças.

PREÂMBULO

Recentemente, o prestigiado dicionário de Cambridge adicionou ao termo "mulher" o seguinte conceito: "um adulto que vive e se identifica como mulher, embora possam ter lhe dito que tinha um sexo diferente quando nasceu". Para "homem", acresceu: "um homem a quem lhe disseram ser mulher quando nasceu".

A palavra, como sabemos, é um símbolo: constitui-se de significante (por exemplo: "feminino"), significado (feminino = relativo ou próprio da mulher/fêmea) e referente (feminino é uma qualidade atribuída a um ser conhecido empiricamente por todos: a mulher).

Ao se manter o significante ("feminino", por exemplo) e alterar artificialmente seu significado, dando-lhe uma nova definição, causa-se enorme confusão na cabeça de quem fala o idioma, pois aquele signo linguístico fica desestabilizado.

Esse movimento ocorreu com as palavras "sexo" e "gênero". Até pouco tempo atrás, ninguém pensaria duas vezes para dizer que "sexo" relacionava-se à biologia e se dividia em masculino e feminino.

Hoje, teme-se até mesmo sondar o assunto, pois já não se sabe mais onde termina o conceito de sexo biológico e entra o de gênero biopsicossocial: uma corriqueira pergunta em ficha médica (sexo: masculino ou feminino?) virou questão delicada. Algo outrora tão simples tornou-se um nevoeiro repleto de armadilhas para o homem (?) comum.

Ocorre que, alterando-se artificialmente o significado de vocábulos como "feminino" e "masculino", "homem" e "mulher", impõe-se, de cima para baixo, um novo debate, até agora longe do imaginário das pessoas comuns: se tais palavras não mais se relacionam à figura do adulto XX ou XY (outrora tão bem compreendida intuitivamente), então elas se relacionam a quê? Começa-se, assim, a questionar quem é o referente no mundo real. Começa-se a questionar a própria realidade.

É um verdadeiro martírio das palavras: torturam-nas com o desejo de que a narrativa se sobreponha à natureza e à mais natural das constatações humanas.

A propósito dessa confusão, o autor e podcaster norte-americano Matt Walsh lançou, em 2022, um documentário intitulado "O que é uma mulher?" (What is a woman?), no qual tenta obter uma resposta racional para uma pergunta que até pouco tempo atrás pareceria óbvia demais. Mas Matt encontrou um contexto completamente dominado por essa "nova realidade".

Acadêmicos, políticos, militantes, feministas e outros grupos entram num raciocínio circular, em que definem mulher como sendo uma mulher, sem conseguir explicar o que é uma mulher. Os diálogos resumem-se (não raramente, de forma literal) a:

— Você pode me dizer o que é uma mulher?
— Uma mulher é um ser que se identifica como mulher.
— Certo. Então, ele se identifica como o quê, precisamente?
— Como uma mulher.
— E o que é uma mulher?

Assistir ao documentário nos traz um misto de perplexidade, indignação e apreensão. Em determinado momento, Matt visita uma tribo no interior da África, completamente à parte das discussões politicamente corretas do ocidente, e percebe que seus membros nem mesmo conseguem compreender a pergunta. Oras, como assim o que é uma mulher? E explicam como qualquer um de nós faria dez anos atrás.

O que terá se perdido no caminho da civilização?

Decidimos começar o artigo contando esses casos para que o leitor já situe no mundo real um fragmento representativo da guerra pelo imaginário, tópico que trabalharemos a seguir. Mais adiante, citaremos outros exemplos.

GUERRA PELO IMAGINÁRIO

Escreveu o professor Napoleão Mendes de Almeida:

> "'Culto' é sinônimo de 'cultivado', na acepção de ilustrado. O próprio verbo cultivar possui, entre outros, o significado de aperfeiçoar-se, aplicar-se, ilustrar-se em. [...] Se numa acepção se diz 'cultivar o campo', em sentido figurado se diz 'cultivar o espírito', 'cultivar a memória'. Não nos admiremos, por conseguinte, da sinonímia entre as formas participiais 'culto' e 'cultivado'".

Quando se fala em "cultura", portanto, fala-se daquilo que é cultivado de forma compartilhada por um grupo de pessoas. Nesse contexto, é impossível que a personalidade humana se construa livre dos elementos culturais – como valores, símbolos, arte, música – com os quais ela se reconhece. Tais elementos compartilhados exercem grande influência na maneira como o indivíduo lê e entende o mundo, bem como a ele reage.

Em grande parte, a linguagem usada no cotidiano revela esses fatores culturais, de maneira que analisar como um usuário da língua emprega as palavras é fundamental para compreender a cultura na qual ele se insere e o que dentro dela se vem "cultivando".

Não é novidade que há muito o "establishment" foi dominado por gente influenciada – consciente ou inconscientemente – pela perspectiva marxista de mundo.

O arquiteto dessa dominação foi o italiano Antonio Gramsci (1891-1937), o qual acreditava que, se o marxismo/comunismo obtivesse hegemonia sobre a consciência humana, a revolução pela violência seria desnecessária.

Gramsci estabeleceu claramente os territórios a conquistar: as instituições culturais, as mídias, as igrejas, as escolas, a literatura e as artes em geral. Era ali que deveria ser buscada a "hegemonia cultural", pois eram essas as fontes dos pensamentos e da imaginação responsáveis por determinar cultura das sociedades. Sua genialidade se mostra na constatação certeira de que, ao controlar as mentes que assimilam as informações, não é preciso controlar as fontes das informações.

Mentes controladas são levadas à imunização cognitiva, tornam-se incapazes de assimilar — e até mesmo de compreender — os argumentos contrários aos valores nelas implantados. Mentes controladas amam a sua servidão sem perceber que é servidão aquilo que amam.

No Brasil, o gramscismo encontrou terreno fértil. Quando o regime militar se instituiu, no começo dos anos 1960, os estrategistas do poder decidiram que deveriam se ocupar com as questões de economia, infraestrutura, lei e ordem. Assim, entregaram as "questões românticas" — como a educação e a cultura — para uma elite marxista, que agiu com liberdade para cooptar as mentes mais brilhantes e talentosas da cultura brasileira. Tendo à sua disposição as universidades, a imprensa, a música, o cinema e o teatro, foi fácil implementar o modelo desenhado por Antonio Gramsci. Dessa forma, por 60 anos, pacientemente, construiu-se a hegemonia cultural sonhada por aquele italiano décadas antes.

O resultado é o que se vê hoje. Ícones culturais defendendo regimes totalitários e a libertação de um político outrora condenado e preso; cantores usando os palcos para manifestar intolerância (travestida justamente de tolerância) e fazer proselitismo político; artistas globais gravando vídeos vergonhosos em defesa de teses politicamente corretas; professores doutrinando abertamente os alunos contra o capitalismo "destruidor"; jornais, rádios e revistas tomados por profissionais completamente comprometidos com a visão marxista. Em termos educacionais, um sistema destruído, incapaz de apresentar outras visões do mundo que não a marxista para os milhões de alunos em formação, insistindo numa receita que jamais deu certo. A consequência não poderia ser outra: só 12% da população detém domínio razoável da linguagem verbal, de acordo com o INAF (Índice Nacional de Alfabetismo Funcional). O restante transita entre o analfabetismo total e o domínio precário da língua.

Assim, jornalistas, professores, colunistas, influenciadores digitais, intelectuais, escritores, membros dos três poderes e até mesmo da Igreja reverberam pautas com viés marxista nos mais diversos meios, ditando o rumo dos debates públicos que frequentemente não possuem nenhuma ligação com os interesses objetivos dos grupos sociais em nome dos quais dizem atuar.

São essas as pessoas que definem o que é "cultivado" na sociedade.

A quase absoluta hegemonia de perspectiva ditada por tal grupo não constitui propriamente uma doutrina, mas uma percepção emocional compartilhada, uma cosmovisão, que, de tão difundida, permeia até mesmo o imaginário de quem não coaduna com as referidas pautas, traduzindo-se incontornavelmente na linguagem de praticamente todos.

Essa cosmovisão se apresenta à sociedade não como uma possibilidade de interpretação da realidade, mas como se fosse a própria realidade, por mais absolutamente descolada dela que seja. Representantes do "establishment" atuam como verdadeiros "agentes de transformação social", justiceiros prontos para corrigir as injustiças do mundo ao editar o idioma.

É justamente o que ocorre com o cenário mencionado no preâmbulo deste artigo: subitamente, as palavras "gênero", "sexo", "feminino", "masculino", "homem" e "mulher" têm seu sentido artificial e impositivamente alterado, embora as mudanças claramente não reflitam a realidade. Essas cisões com a natureza são entregues como se fossem ela mesma, de maneira que quem a negue é tratado pelos "agentes de transformação social" como se negasse o próprio fato, não uma invenção ideológica responsável por deturpá-lo.

São muitos os exemplos de influência da cultura com viés marxista na linguagem. Algumas mais polêmicas, outras mais sutis. Citemos primeiro algumas das mais polêmicas.

AS TRIBOS JUSTICEIRAS E O MEDO DA RETALIAÇÃO

Em novembro de 2022, o TSE lançou a cartilha *Expressões racistas: por que evitá-las?*, a qual promete trazer "termos considerados ofensivos às pessoas negras e explicar, de modo didático, o motivo para serem banidos do vocabulário das brasileiras e brasileiros". O documento está disponível na biblioteca digital do TSE e pode ser baixado por qualquer um.

Entre os termos, encontram-se aqueles obviamente racistas – e que, por isso, praticamente dispensam explicações –, como "serviço de preto" e "cabelo ruim" (para referência a cabelo crespo), mas encontram-se principalmente palavras e expressões que não são e jamais foram racistas – como "esclarecer", "denegrir", "feito nas coxas", "a coisa tá preta", "ovelha negra", "lista negra", "escravo", "inveja branca". A lista é longa.

Acontece que "esclarecer", de acordo com o próprio manual, significa "trazer luz sobre determinado assunto". Que a luz do entendimento subitamente esteja ligada à "branquitude" da pele é algo que só quem fez o dicionário poderá elucidar (ou esclarecer).

"Denegrir", de acordo com o próprio manual, traz ideia de mancha. Que o vocábulo "mancha" subitamente esteja ligado ao racismo pela cor escura da pele de alguém também é um mistério, já que ninguém o usou pensando em pele, tampouco nasceu a palavra com esse intuito.

"Feito nas coxas" é a lenda linguística mais velha da internet. Para o manual, adviria de "telhas moldadas nas coxas de pessoas escravizadas". Agora imagine que tipo de telhado sairia com telhas tão diferentes. A expressão muito provavelmente advém da prática sexual intercrural (qualquer Google conta essa história).

"Escravo", de acordo com o manual, passa a ideia de que a pessoa já nasceu sem liberdade, como se a escravidão fosse inata à sua existência. "Nesse sentido, a palavra mais adequada para designar essa condição seria 'escravizado(a)'", diz.

O argumento ignora completamente a própria dinâmica do idioma, que nem de longe chancela esse entendimento; fosse assim, teríamos de trocar "doente" por "adoecido", "grávida" por "engravidada", "calvo" por "encalvecido", "detento" por "detido", "preso" por "aprisionado", "vítima" por "vitimada", "pobre" por "empobrecido" etc. Os exemplos são infinitos. Nenhuma pessoa nasce com essas condições, por assim dizer, e qualquer falante do idioma reconhece isso intuitivamente.

Em resumo, o manual inventa problemas linguísticos para, então, vender soluções politicamente corretas a eles.

Um sem-número de outras expressões citadas não tiveram sua origem em posturas racistas nem expressam qualquer traço de racismo quando usadas atualmente. O discurso ideológico dos ativistas simplesmente cinde com a realidade e não se faz de rogado para usar uma instituição oficial como o TSE para propagar o malabarismo militante.

Ainda sustentando a pauta supostamente racista, há casos com origem no simples marketing de produtos. Há pouco tempo, a loja Etna divulgou um de seus móveis com um vídeo que, em tese, contava a história do nome "criado-mudo". A expressão, que remontaria ao século 17, supostamente teria sua origem nos escravos obrigados a permanecer mudos ao lado de seus senhores enquanto estes dormiam.

Não há nenhuma menção a esse assunto nos registros históricos, e a loja evidentemente estava interessada em levantar uma discussão para colocar seus criados-mudos em evidência, nem que para isso fosse necessário inventar um DNA racista para o termo. É o mercado, como sempre, espertamente se apropriando das questões emocionais para vender. (Link da propaganda: https://www.youtube.com/watch?v=C2szquntLLs)

Aquele que se atreve a cometer a heresia de usar tais vocábulos é constrangido, como se fosse uma espécie de "propagador inconsciente" de um racismo supostamente estrutural, como ocorreu ao vivo com a comentarista Carolina Cimenti no programa Em Pauta, da GloboNews, do dia 24/5/2022.

A jornalista falava sobre a acusação de estupro feita contra Damien Abad, ministro recém-nomeado pelo presidente da França, Emmanuel Macron, quando utilizou o termo "denegrir" para dizer que a polêmica era uma forma de sujar a imagem do novo integrante do governo francês. "Carol, a gente dá uns escorregões às vezes e a gente tem que lembrar para não dar um escorregão e há pouco você usou uma palavra que a gente não usa mais, 'denegrir'", falou o colega – suposto arauto da moralidade – Marcelo Cosme. Imediatamente, a jornalista, constrangida, respondeu: "Eu falei 'denegrir', perdão. Não, não se usa mais essa palavra. Eu queria, na verdade, dizer que essas acusações quisessem diminuir ou manchar a imagem desse homem. Usei uma palavra que é claramente racista e peço perdão por isso", explicou. "Estamos aqui para isso", finalizou o apresentador, "agente de transformação".

"Estamos aqui para isso", resposta do apresentador, é precisamente a postura dos militantes da língua, que – à moda da obra *1984*, de George Orwell – editam o idioma arbitrariamente a seu bel-prazer.

Ocorre, no entanto, que a própria justificativa da jornalista seria racista, nos termos do manual do TSE, já que ela diz ter usado uma palavra "claramente racista", atribuindo a "claro" conotação positiva. Bem, se "esclarecer" é palavra racista, logo "claramente" também o é. A lógica flerta com a insanidade.

Dois meses depois, durante a transmissão ao vivo do programa Expresso CNN, o apresentador Evandro Cini repreendeu o comentarista Alexandre Borges por usar o mesmo termo "denegrir". "Você usou o termo 'denegrir', que não é usual nos dias atuais", disse o apresentador. A expressão de constrangimento de Borges foi evidente. "Isso é importante que se ressalte. Temos de cortar essa palavra, já que representa algo negativo, voltado à população negra. Temos de cortá-la para termos um diálogo e um discurso cada vez mais respeitador."

A CONTA CHEGA PARA TODOS

Mesmo pessoas que compactuam com o progressismo não escapam das duras punições dos justiceiros da palavra. A escritora feminista nigeriana

Chimamanda Adichie concedeu uma entrevista ao jornal *The Guardian* e, em uma de suas respostas, questionou:

"Então, alguém que se parece com meu irmão diz 'Eu sou uma mulher' e entra no banheiro feminino, e uma mulher diz: 'Você não deveria estar aqui', e ela é transfóbica?"

A resposta da militância foi imediata, e o resultado foi o cancelamento da escritora, que passou a ser tida como inimiga da comunidade trans. Em resposta, a autora começou a falar abertamente sobre o direito à liberdade de expressão e concedeu excelente palestra à BBC sobre o tema. Nessa ocasião, disse o que basicamente resume o cenário ocidental:

> "Agora vivemos em tribos ideológicas amplamente estabelecidas. Não precisamos mais ter discussões reais porque nossas posições já estão presumidas, com base em nossa afiliação tribal. Nossas tribos exigem de nós uma devoção à ortodoxia, e elas não permanecem na razão, mas na fé. Muitos jovens estão crescendo neste caldeirão com medo de fazer perguntas por medo de fazer as perguntas erradas. E assim, eles praticam um tipo requintado de autocensura. Mesmo que acreditem que algo seja verdadeiro ou importante, eles não o dizem porque não deveriam dizê-lo. Não se pode deixar de perguntar, nesta epidemia de autocensura, o que estamos perdendo e o que perdemos? Estamos todos familiarizados com histórias de pessoas que disseram ou escreveram algo e, em seguida, enfrentaram uma terrível reação online. Há uma diferença entre críticas válidas, que deveriam fazer parte da liberdade de expressão, e esse tipo de reação, insultos pessoais feios, colocando endereços de casas e escolas infantis online, tentando fazer as pessoas perderem seus empregos. [...] É uma ação de vigilante virtual cujo objetivo não é apenas silenciar a pessoa que falou, mas criar uma atmosfera vingativa que impeça os outros de falar."
>
> (Disponível em: https://www.youtube.com/watch?v=fo3OZWPOa3g)

Da mesma forma, Djamila Ribeiro, ativista negra e feminista brasileira, publicou um artigo na *Folha de São Paulo*, no qual comenta como a substituição do termo "mulher" a incomoda. O escrito se deu porque militantes vêm defendendo que o termo "mulher" não deve mais ser usado, sugerindo substituí-lo por "pessoa que menstrua", "pessoa que engravida". "Mulher" seria o quê, então? Ora, seria todo aquele que se identifica como mulher. Ou seja, um homem biológico pode ser uma mulher, se ele quiser. (Voltamos à discussão do começo deste artigo.)

"Mesmo com a pretensa ideia de querer incluir homens trans, o termo apaga a realidade concreta das mulheres", escreveu Djamila. Ela aponta a contradição do próprio movimento:

> "Uma mulher não é uma 'pessoa que gesta', até porque existem mulheres que não podem ou não querem engravidar. Nesse caso, como vamos nos referir a elas? 'Pessoas que não gestam?' Mulheres que precisaram se retirar como mães por motivo de doença ou qualquer outro serão chamadas de que forma? Isso remete ao sexismo biológico tão bem explicado por Simone de Beauvoir em 'O Segundo Sexo'. É interessante que a categoria homem segue intocável — não há publicações se referindo a eles como 'pessoas que ejaculam', por exemplo."

Mas, como se sabe, pouco adianta discutir. O caso continua reverberando e Djamila se tornou *persona non grata* na comunidade trans.

O resultado de tamanha animosidade no campo linguístico não poderia gerar senão receio na população normal, alheia às discussões militantes, como bem pontua Chimamanda.

É precisamente o que se pode perceber nos comentários de um vídeo no qual a coautora deste artigo comenta como a polêmica em torno do suposto racismo revelado na palavra "escravo" é falso. Entre dezenas de outros comentários na mesma linha, destacam-se os seguintes:

Lara Brenner – colaboração de Luciano Pires

Hoje eu sinto insegurança em expressar minhas opiniões. Cada dia é uma expressão diferente, cada dia muda o que pode e o que não pode ser aceito. Vi muitas propagandas há alguns anos que tinham como fala inicial: preto é cor, negro é raça, para explicar a diferença e dizer que chamar alguém de preto não era legal. Outro dia estava vendo um *podcast* e, por diversas vezes, vi a apresentadora falando "a mulher preta", "o homem preto". Internamente eu me sinto desconfortável em utilizar tais expressões. Acho que fiquei tão traumatizada por ter sido corrigida que não era preto, e sim negro, que não me sinto confortável em dizer, me parece ofensivo. Eu compreendo que mudanças ocorrem na língua, as alterações vão se moldando ao longo dos anos, por exemplo um "vosmecê" se tornou "você", me sinto perdida linguisticamente nessas alterações, me sinto desconfortável em parecer leviana ou até preconceituosa por não estar condizente com as expressões utilizadas na moda. Como não cair na tentação de não falar certas palavras pelo medo do cancelamento? Sinto que pisamos em ovos.

@Kellmarina

Diversas vezes já evitei (inconscientemente) usar a palavra "denegrir". E agora estou me lembrando de narrativas coercitivas serem muito eficazes, pq uma pessoa me "corrigiu", eu fiquei com vergonha e nunca mais usei. É muito exaustivo viver os tempos de hoje.

@vanessa_ftavares

Pessoas comuns, que buscam viver bem em sociedade, encolhem-se de pavor da reprimenda linguística. Sem dúvida, não dá para negar quão persuasiva é a atuação militante. (Há quem diga, aliás, que "negar" é uma palavra racista.)

Como já se percebeu, o fato de o termo ser realmente preconceituoso ou ofensivo simplesmente não importa. Basta um "justiceiro social" decidir que ele é, e o próximo caso é mais um exemplo disso.

A IGNORÂNCIA FAZENDO SUAS VÍTIMAS

Em 2020, na Universidade do Sul da Califórnia, a USC, Greg Patton – um professor da escola de negócios que viveu na China por 20 anos – explicava aos alunos, numa aula de comunicação transmitida pelo Zoom, que palavras de preenchimento, como "hum" ou "errrr", distraem o interlocutor porque interrompem o fluxo de ideias durante uma apresentação. Para ilustrar o seu ponto, ele introduziu uma palavra em mandarim que significa literalmente "isso", e é mais comumente usada para significar "hum".

Num vídeo que circulou amplamente nas mídias sociais (disponível em https://www.youtube.com/watch?v=24JhHLpgjXI), o referido professor diz: "Isso é culturalmente específico (...), como na China, a palavra comum é *isso, isso, isso, isso*. Então, na China, pode ser nèige — nèige, nèige, nèige. Portanto, há palavras diferentes que você ouvirá em diferentes países, mas são disfluências vocais".

Para Patton, o qual usa o mesmo exemplo há anos, a aula foi totalmente normal.

Mas, quando o professor disse a palavra "nèige" em voz alta, imediatamente alguns alunos acharam que ele estava dizendo "nigga", corruptela do termo "nigger", um insulto étnico usado contra os negros e considerado extremamente ofensivo nos EUA. Lá eles chamam de "the N-word", a palavra que não se fala.

Recebendo mensagens dos alunos, Patton viu que havia dado aquele exemplo em pelo menos três outras aulas. Mandou um pedido de desculpas, explicando que o uso da palavra jamais teve intenção de ofender alguém.

Um grupo anônimo de alunos negros, então, escreveu uma carta de denúncia à direção da escola, acusando o professor de racismo.

O incidente se espalhou rapidamente, gerando um gigantesco debate que chegou à mídia internacional. Após uma reunião com os alunos supostamente ofendidos, a universidade iniciou uma profunda revisão da carreira de décadas do professor, examinando milhares de avaliações de alunos em busca de sinais de sua insensibilidade racial ou cultural. Nada foi encontrado. Algumas das alegações mencionadas na carta de reclamação – como a de que Patton teria ignorado reclamações anteriores e apagado gravações de aulas as quais envolviam o incidente – também se provaram falsas. Uma investigação da universidade não encontrou evidências de que os alunos tenham tentado se comunicar com Patton antes de apresentar a sua reclamação.

Para a USC, onde mais de 22% dos estudantes são da China, a controvérsia teve uma consequência inesperada. Dias depois que a história foi divulgada, a mídia chinesa repercutiu o incidente, ofendida por ver o episódio como depreciação da língua chinesa pela USC. No Weibo, o Twitter da China, hashtags sobre a polêmica foram compartilhadas mais de 9 milhões de vezes.

Noventa e quatro recém-formados do programa de MBA, a maioria deles chineses, compararam a resposta da universidade ao incidente às "acusações espúrias contra pessoas inocentes" que sombrearam a Revolução Cultural de Mao.

Um mês depois do ocorrido, a USC encerrou as investigações concluindo que não houve má intenção do professor, mas que a carta de reclamação dos alunos foi "genuína e séria". O professor Greg Patton, profundamente abalado pelo episódio, afastou-se do programa de MBA da escola indefinidamente.

E a calma voltou a reinar na Universidade, pelo menos até o próximo incidente. Para a militância, não é preciso haver ofensa real, basta que ela decida ter havido ofensa.

Em 2022, algo semelhante ocorreu com o comentarista da Jovem Pan Adrilles Jorge. Depois de um longo discurso de condenação ao nazismo, ele se despediu com seu habitual aceno de mão (repetido em todas as suas participações em vídeo, como se percebe facilmente por simples busca no YouTube). A militância decidiu que nada do que ele havia dito tinha valor algum, mas que aquele gesto, este, sim, era uma clara manifestação nazista. A pressão e a repercussão em massa nas redes sociais foram tamanhas, que patrocinadores do programa, com medo de perder clientes, exigiram a saída do comentarista. Adrilles foi, então, demitido da Jovem Pan.

Algumas semanas depois, quando a poeira baixou, ele foi recontratado pela mesma Jovem Pan que o demitira. E a mesma sociedade que o cancelou fingiu que estava tudo bem.

Também com o podcaster Bruno Aiub, conhecido como Monark, deu-se algo parecido: em conversa com Tabata Amaral e Kim Kataguiri no Flow Podcast, Monark deixou clara várias vezes sua posição antinazista, mas defendeu – usando a premissa da primeira emenda dos Estados Unidos – a liberdade de expressão de pessoas antissemitas ou mesmo a criação de um partido nazista. O resultado foi o cancelamento maciço e a perda de patrocinadores do Flow. Monark foi considerado defensor das ideias nazistas, embora tenha enfatizado em seu discurso como se opõe ao movimento e embora suas ações práticas nunca tenham exibido qualquer nota antissemita. O podcaster, que era um dos sócios do Flow, foi obrigado a se retirar da sociedade diante da debandada dos patrocinadores.

A SORRATEIRA MANIPULAÇÃO DA LINGUAGEM

Nem toda distorção do discurso passa necessariamente pela fase estridente, na qual encontra resistência, embaraço e estranhamento, como se mencionou anteriormente. É comum haver adoção de comportamento praticamente uníssono dentro do "establishment", acachapante a ponto de nem mesmo encontrar combatentes.

Um exemplo é o fato de que, em alguns documentos, já não se usa mais "pai" e "mãe" no campo filiação. A substituição por "filiação 1" e "filiação 2", apesar de parecer democrática e igualitária, diminui a força lexical das palavras "pai" e "mãe". Aos poucos, vão-se amainando essas figuras, retirando-lhes a importância, em obediência à agenda de gênero, que avança a passos largos.

Nova solicitação de passaporte

Dados pessoais	Documentos	Dados complementares	Revisar dados

(*) Preenchimento Obrigatório

Dados Pessoais

Nome completo*:		Sexo*:	
Filiação 1:		Sexo:	
Filiação 2:		Sexo:	
Data de nascimento*:	_/_/_	☐ Emancipado	☐ Adoção Internacional

Disponível em:
https://servicos.dpf.gov.br/sinpa/inicializacaoSolicitacao.do?dispatch=inicializarSolicitacaoPassaporte

Na mesma esteira, recentes discursos oficiais do governo Lula iniciaram-se com cumprimentos a "todos, todas e todes", e a Agência Nacional – produtora oficial de notícias do governo – trouxe na manchete do dia 21/1/2023 a expressão "parlamentares eleitEs".

Nunca é demais lembrar que a tal linguagem neutra não encontra razão nenhuma de existir em nosso idioma, uma vez que o sexo biológico dos seres humanos e o gênero das palavras não têm necessária correlação entre si. Ademais, as mudanças morfológicas do idioma devem ser orgânicas e naturais – como mostra a evolução de todas as línguas, que sempre caminham para a economia textual, não para o arrastamento redundante e prolixo. O que se vê com o emprego da linguagem neutra é o completo oposto: a mudança é artificial, imposta, estranha a 99,99% da população e nada econômica.

Apesar de um ou outro burburinho, as ações passaram tranquilamente, sem grande reverberação nas mídias. Até o momento em que redigimos este artigo, a Academia Brasileira de Letras simplesmente ignorou a questão e vem se negando a pronunciar-se oficialmente, apesar de pedidos incessantes em todos os recentes posts de suas redes sociais. A seguir, apenas alguns exemplos:

Muito bom! Mas e a nota da Academia sobre o uso dos pronomes neutros? Vai sair quando?

@felipemachado.costa

Seguimos aguardando a semana que soltará uma palavra, diga-se nota oficial, sobre pronome neutro.

@vtrffn

Queremos uma nota oficial da ABL opondo-se ao uso dos pronomes neutros. É um dever moral e cívico.

@caiomachado.ba

Onde está a nota oficial sobre o uso do pronome neutro?

@brenno_aryson

Beleza. Mas vocês vão se pronunciar sobre o uso de linguagem neutra em eventos oficiais? Vocês ainda se lembram de que são os responsáveis por cuidar da Língua Portuguesa, que é nosso patrimônio cultural? Assim, só para saber mesmo.

@re.vilaca

E a nota da ABL sobre o uso dos pronomes neutros? Vão ignorar até quando?

@felipemachado.costa

Como letróloga da língua portuguesa, solicito que a Academia faça um pronunciamento sobre o pronome neutro, que vem sendo utilizado em eventos oficiais desde 01/01/2023.

@vtrffn

Agora que o governo federal já está usando a linguagem neutra, o que falta para a ABL se pronunciar sobre o assunto?

@oluizhen

Convém lembrar que, no próprio site da Academia, afigura-se a seguinte descrição:

"A Academia Brasileira de Letras (ABL) é uma instituição cultural inaugurada em 20 de julho de 1897 e sediada no Rio de Janeiro, cujo objetivo é o cultivo da língua e da literatura nacional." (https://www.academia.org.br/academia/quem-somos)

Não importa quanto esperneiem milhares de cidadãos, quanto manifestem sua inconformidade em redes sociais, encontros presenciais, petições de repúdio, ações judiciais etc. Nesse e em praticamente todos os campos, o "establishment" tem sempre força para ditar o rumo das pautas entendidas culturalmente como relevantes pela maior parte da população. Aquilo que seus agentes entendem por bem ignorar será solenemente ignorado, ainda que milhares de pessoas demandem cobertura do assunto. Pautas que não interessam passam surdamente, sem reverberação nos órgãos de controle da informação.

Também a mídia (ou principalmente ela), peça fundamental do "establishment", joga com as manipulações sorrateiras da linguagem, sem se preocupar muito com a ocultação de suas preferências. Um claro exemplo é o emprego cada vez mais comum da conjunção adversativa "mas" sempre que, não tendo como evitar a informação, precisa forçar-lhe um contraponto.

As manchetes abaixo são sobre notícias positivas ocorridas durante o governo Bolsonaro, mas que, evidentemente, não poderiam ser divulgadas em si mesmas. A saída, portanto, foi colar-lhes um "mas":

Emprego surpreende em maio, mas dúvidas persistem

Mês tem 277 mil vagas com carteira assinada, resultado superior ao esperado por analistas

Por Rafael Vazquez e Edna Simão — De São Paulo e Brasília
29/06/2022 05h01 · Atualizado há 7 meses

Brasil melhora acesso à escola, mas ainda precisa superar desigualdade, aponta OCDE

Análise sobre políticas adotadas nas últimas décadas mostra avanço em índices de educação, mas também aponta gargalos que precisam ser superados, como uma maior equidade na educação. Confira 10 pontos indicados pela OCDE para melhorar a educação no país.

Por Elida Oliveira, G1
30/06/2021 08h00 · Atualizado há um ano

Desemprego recua para 9,1% em julho, mas número de informais é recorde

A falta de trabalho, no entanto, ainda atinge 9,9 milhões de pessoas, menor número desde janeiro de 2016. Queda do desemprego é puxada pela informalidade, que atinge 39,3 milhões de trabalhadores do país.

Por Marta Cavallini, g1
31/08/2022 09h00 · Atualizado há 5 meses

Com a recente posse do presidente Lula, a tendência curiosamente se inverteu. Ao se divulgarem erros do governo ou ocorrências ruins durante o mandato petista, logo se faz um contrabalanço (quase sempre ininteligível), com o auxílio tanto da conjunção "mas" como de outros artifícios linguísticos, como a locução prepositiva concessiva "apesar de":

Mas não apenas as locuções e conjunções sustentam o discurso; as construções ininteligíveis não se furtam de aparecer:

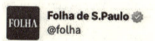

Entenda por que Lula é inocente sem ter sido inocentado. Ex-presidente ficou livre de principais acusações por razões técnicas, e provas ficaram sem análise pelo Judiciário #Eleições2022 #DebatedaGlobo

São, enfim, manobras retóricas dignas de livro, mas que passam com tranquilidade, sem estranhamento da maior parte dos leitores, os quais não estão preparados para perceber a manipulação linguística envolvida.

A intenção por trás de tantos artifícios não é outra senão despertar percepções e sentimentos positivos ou negativos nos leitores, a depender de qual é o objeto da notícia.

CONCLUSÃO

Uma imensa parte das pessoas, quando perante ideias barulhentas que desafiam a lógica, ficam inertes, bloqueadas, especialmente em ambientes jornalísticos e universitários. Quando percebem que essas ideias contradizem a própria realidade, preferem criar mecanismos de conciliação do absurdo em sua cabeça.

A esse fenômeno, o psicólogo americano Leon Festinger deu o nome de "dissonância cognitiva". A psicóloga Lauren Slater o explica assim:

> "A disjunção entre aquilo que se acredita e a evidência factual é altamente incômoda, como arranhar uma lousa. O alívio só virá se mais e mais pessoas se alistarem à espaçonave, por assim dizer, porque se todos nós estivermos voando juntos nesta coisa, então certamente deveremos estar certos." (Lauren Slater, livro *Mente e Cérebro*)

Ou seja, o discurso é tão descolado da realidade, que o indivíduo tem duas opções: ou o enfrenta duramente, ou cede a mecanismos cerebrais de conciliação dos opostos.

É precisamente essa dissonância cognitiva que tem acometido grande parte das pessoas quando se trata da linguagem verbal: elas percebem intuitivamente que o uso de "esclarecer" não expressa racismo, por exemplo, mas, ao mesmo tempo, creem que retirar essa palavra do vocabulário aplacará o racismo; constatam facilmente o que é uma mulher, mas, ao mesmo tempo, creem que ser mulher é uma "construção social", por isso qualquer um pode se autodenominar assim e, pela simples palavra, passar a ser uma. E quem discordar é cancelado.

Na internet, o primeiro registro do termo "cancelar" parece ser de 2014, quando a conta oficial do programa The Colbert Report, do

Comedy Central, publicou uma piada considerada ofensiva aos asiáticos. A ativista Suey Park respondeu com a hashtag #CancelColbert e levantou uma grande celeuma. Stephen Colbert então excluiu a conta do programa no Twitter ao vivo em um episódio do show, dizendo "eu nunca mais quero que isso aconteça novamente".

Mas o cancelamento deu para trás, e Suey Park passou a ser atacada pelos fãs de Colbert, recebendo diversas ameaças, tendo de raspar o cabelo e se mudar de cidade, para não ser reconhecida. O próprio Colbert pediu a seus fãs que deixassem Park em paz, mas o estrago estava feito. O canal Syfy lançou uma série chamada The Internet Ruined My Life, na qual Park relata a experiência. (Link para o vídeo: https://www.youtube.com/watch?v=70CRZnP0tEw)

O monstro já nascia incontrolável.

Uma coisa era a cultura do cancelamento promovida pelo Estado, como milhares de exemplos mostrados pela história; outra é a cultura do cancelamento promovida por nós mesmos, indivíduos, sem um aparato do estado para impor políticas ou crenças.

A desculpa dos canceladores é que reprimir "crimes menores" evita o cometimento de crimes maiores. Assim, é melhor silenciar um youtuber que disse algo "cancelável" do que esperar aquela ideia ser colocada em prática – ou mesmo ser discutida abertamente.

Esse tipo de comportamento se acirra ainda mais quando encontra o chamado "pânico moral", definido nas palavras da cientista de dados Ashley Crossman:

> "Pânico moral é um medo espalhado pela sociedade, geralmente um medo irracional, de que alguém ou alguma coisa é uma ameaça aos valores, à segurança e aos interesses de uma comunidade ou sociedade. Tipicamente, o pânico moral é perpetuado pela mídia, alimentado por políticos e geralmente resulta na aprovação de novas leis e políticas que têm como alvo a fonte do pânico. Dessa forma, o pânico moral pode ampliar o controle social."

Se o assunto é ampliar o controle social, nada melhor do que contar com o "establishment" para estabelecer os "inimigos da sociedade".

Os pânicos morais são tradicionalmente planejados por quem está no poder para reafirmar a necessidade de impor meios de controle, ou por agentes com interesses comerciais que pretendem lucrar com a atenção advinda do escândalo. É uma forma de manipulação, a qual desvia a ira pública dos verdadeiros praticantes de injustiças sociais para um grupo específico (ou para um indivíduo), que vai para o ostracismo como a personificação do mal.

Então, temos a receita para o cancelamento:

- Percepção real ou forjada de que o Estado não pode nos proteger;
- Pânico moral;
- Imputação de nossas culpas e vergonhas a outra pessoa;
- Total ausência de critérios, como senso de proporção, de prioridade, de urgência;
- Distância segura do alvo, afinal não sentimos sua dor, não ouvimos seus gemidos, não precisamos nos condoer de seu sofrimento nem praticar a empatia;
- Sensação de impunidade pela aparente invisibilidade do cancelador;
- Facilidade para punir: basta digitar qualquer bobagem e apertar o *enter*;
- Sensação de segurança por fazer parte de uma horda.

É quase irresistível, quando se é moralmente, digamos, flexível, fazer parte da turba que linchará o alvo da hora. Mesmo provando que a vítima cancelada não tinha culpa, não haverá a quem culpar pela desgraça.

Qual é o risco? Como nos linchamentos e justiçamentos históricos, há o perigo de se cancelarem inocentes. De se manipular o processo para apagar aqueles de quem não gostamos. De virar massa de manobra de políticos ou ideólogos, para atacar os inimigos.

Mas o pior de tudo é a construção de uma percepção de medo na sociedade.

Se antes tínhamos de prestar atenção ao uso do bom português, agora temos de prestar atenção ao politicamente correto. Hoje, é preciso cuidado para não usar palavras proibidas, independentemente de qual for o contexto e a intenção. Se a palavra é proibida, por simplesmente falar o termo, já se pode ser cancelado.

Isso não pode ser normal.

Essas ideias absurdas ganham repercussão por grandes influenciadores e muitos ditos intelectuais, que estão mais preocupados com cumprir uma agenda ideológica do que com discutir problemas cotidianos de pessoas reais. Pelo contrário: ditam incessantemente essas contradições geradoras de dissonância cognitiva, quase todas fabricadas em laboratório – com problematizações que só interessam à gente da cátedra e do próprio "establishment".

Tais ideias, depois, são impostas ao povo comum como se, na verdade, tivessem capturado a vontade daquele mesmo povo. Nasce, assim, a base para a cultura do cancelamento – afinal, se a vontade de tão expressiva parte "oprimida" da população (supostamente) está sendo ultrajada, é preciso agir para exterminar os detratores sociais. Assim, novamente, cria-se o problema para se vender a solução.

A manipulação pela linguagem é parte fundamental dos mecanismos de controle social. Na obra *1984*, George Orwell explica com maestria para que serve a Novafala (ou Novilíngua, a depender da tradução), imposta pelo partido inglês:

> "[...] O objetivo da Novafala não era somente fornecer um meio de expressão compatível com a visão de mundo e os hábitos mentais dos adeptos do Socing [abreviação para Socialismo Inglês, a ideologia do Partido no livro], mas também inviabilizar todas as outras formas de pensamento. A ideia era que, uma vez definitivamente adotada a Novafala e esquecida a Velhafala, um pensamento herege – isto é, um pensamento que divergisse dos princípios do Socing – fosse literalmente impensável, ao menos na medida em que pensamentos dependem de palavras para ser formulados."

Hoje, a ação não é propriamente centralizada – feita apenas por um partido, como no livro –, mas difusa, o que torna sua identificação mais complexa. A hegemonia de pensamento – essa cosmovisão uníssona difundida pelo "establishment" – conta com a manipulação da linguagem primeiro, para que ela facilite a manipulação das ações depois. É o velho Gramsci em ação.

Escapam aqueles que estiverem atentos e com coragem de não ceder.

ARTES & CULTURA POP O IMÁGINÁRIO E O CINEMA

Canal Heróis e Mais

ELVIS VENTURA DA SILVA

Artista, professor na área da música, atuou como cantor em óperas e teatro musical em Fortaleza, no Ceará, e em Brasília, DF. Atualmente apresenta um canal no YouTube com seu irmão Tony Bleick, intitulado Heróis e Mais, com assuntos sobre cultura pop.

ANTONI BLEICK VENTURA DA SILVA

Locutor e apresentador profissional, trabalhou como diretor de rádio em emissoras. Atuou como gerente da área de varejo com foco em marketing e atualmente apresenta um canal de cultura pop no YouTube com seu irmão Elvis Ventura.

ARTES & CULTURA POP - O IMÁGINÁRIO E O CINEMA

> *Às obras de arte é proibida a moralização apenas porque ela destrói seu verdadeiro valor moral, que é a capacidade de abrir nossos olhos aos outros e de disciplinar nossas finalidades pela vida tal qual ela é. A arte não é moralmente neutra, mas possui uma forma própria de emitir e justificar afirmações morais.*

Assim começa o último parágrafo do capítulo "A beleza artística" do livro *Beleza*, de Roger Scruton. Nesse pequeno trecho (o autor nos convida a refletir sobre o motivo), vemos por que não é bom que o cinema passe mensagens morais como seu principal foco narrativo: isso desviaria a imaginação moral do que realmente é verdadeiro e importante para nossa vida.

A sétima arte condensa todas as outras seis em si, e isso já é o suficiente para conseguirmos entender a sua grandeza. O que se vê hoje em Hollywood, e também no cinema mundial como um todo – o que inclui logicamente o Brasil –, é a hegemonia de um pensamento que acredita que tudo deve ter uma mensagem moral na proa da obra cinematográfica, em que o entretenimento não é importante (ou é secundário) e o valor simbólico (real) das coisas foi substituído por alegorias rasas de propagandas ideológicas de uma elite que se vê dona de todos os meios de ação.

Star Wars, e toda sua história de décadas, hoje serve apenas para enaltecer o feminismo com sua personagem Mary Sue,[1] ou Rey.

O Senhor dos Anéis, uma obra com referências/simbologia católica, agora é vendida/apresentada apenas como um veículo para a tal chamada "representatividade", e não mais para simbolizar a luta do bem contra o mal tão bem escrita por J. R. R. Tolkien.

Como diz Scruton, "a arte não é moralmente neutra, mas tem sua forma própria de emitir e justificar afirmações morais", ou seja, tem o ponto e os momentos certos para que roteiristas e diretores passem sua mensagem de forma coesa e orgânica. Frank Capra, lendário diretor do filme *A Felicidade não se compra*, afirma: "Entretenha primeiro".

Isso era facilmente possível na época de Capra, mas hoje os autores e produtoras não entendem esse conselho como algo positivo. Estão investindo bilhões de dólares por ano para transmitir suas ideologias em filmes, séries e animações, seja na TV aberta, *streamings* ou no cinema. A palavra *investindo* não foi utilizada ao acaso, mesmo porque as ações desses grupos nunca são espontâneas, sempre existe algo planejado. Há um investimento coordenado para alcançar as próximas gerações, pois sabem que a maioria dos filmes com muita "lacração" não são sucesso de bilheteria ou audiência comparados aos filmes que têm o entretenimento como foco com o público/geração atual como desejariam. O que leva cada vez mais especialistas a concluírem que o importante a curto prazo não é ganhar dinheiro, e sim manter a hegemonia cultural que demorou muitas décadas para ser construída.

A ESSÊNCIA DO CINEMA

Não há como falar de cinema sem falar da sua importância moral, social, cultural, econômica e política na sociedade. Por trás de uma obra transcendente, sempre existe uma verdade à qual nos agarramos. Uma verdade

---

[1] Explicaremos o termo "Mary Sue" mais à frente.

que sentimos vontade de compartilhar, embora possa ser agradável ou desagradável para quem a ouve. Essa verdade pode ser profunda mesmo quando se está no mundo da fantasia, porque é nele que você pode imaginar-se. Quando você está no papel do personagem "vivenciando" aquele imaginário, muitas vezes percebe a realidade ao seu redor, e isso vai aguçar ainda mais sua imaginação. É nesse momento que você deve comparar a fantasia com a realidade. Isso faz com que as grandes histórias perdurem para sempre, ou seja, se tornem um clássico. Do contrário, serão apenas mais narrativas esquecíveis em pouco tempo. A grande e bela arte é simbólica e, sendo assim, conquista povos e nações.

Hoje se assiste a tudo, em todo lugar, ao mesmo tempo, em diversos veículos de informação, e a cada ano que passa as pessoas procuram cada vez mais entretenimento, pagando, muitas vezes, caro por isso. Passamos muito tempo em frente à TV, *smartphones* e *tablets* à procura de um combustível para aguçar nosso imaginário. Ao aguçá-lo, fazemos a seguinte pergunta: que heróis quero contemplar hoje? Em que herói devo me inspirar amanhã? Que tipo de homem ou mulher posso ser depois de ver um filme no cinema? Onde devo assistir àquela série ou àquele desenho animado? Em que tipo de conhecimento vou me debruçar hoje para aprender? Geralmente, as perguntas são as mesmas quando alguém busca o prazer de sentar, ler ou assistir a algo.

O cinema é uma arte, mas pode ser usado também como uma eficaz arma política. Uma arma que demoramos um pouco para conhecer. Mas é hora de corrermos atrás do tempo perdido.

Éramos cinco irmãos na casa dos Ventura, sendo duas meninas e três meninos. Nós nos acostumamos a ver a TV aberta e tudo que os programas infantis proporcionavam de entretenimento durante nossa infância e adolescência. Alguns dos filmes vistos só chegaram à TV após um ano ou mais de sua estreia nos cinemas, e todos nos divertíamos com entretenimentos parecidos. O gênero tokusatsu, vindo do Japão, na extinta Rede Manchete, era o que mais nos divertia. Foi uma época de intensa estimulação do imaginário, pois os valores que aqueles heróis de olhos puxados nos passavam eram tudo que queríamos seguir, mesmo que só nos déssemos conta mais tarde. O cinema era algo que não fazia parte do lazer da família até o ano 2000 chegar, e os X-Men apareceram na telona exatamente em 2001.

Os X-Men estavam fazendo muito sucesso na tela do cinema. Tony assistiu seis vezes ao longa em seu mês de estreia, anos depois comprou um box de DVD e aquela bendita revista em um sebo, só para guardar mesmo. Afinal, ele já trabalhava e podia pagar seu "combustível do imaginário" tranquilamente.

O que não sabíamos era que o produtor e diretor de *X-Men*, Brian Singer, andava dando umas entrevistas polêmicas sobre duas personagens importantes de seu filme. Brian disse que o professor Xavier, líder dos X-Men, era uma alegoria de Martin Luther King, pastor que lutava pela igualdade das raças pacificamente, e que o seu inimigo, Magneto, era a alegoria de Malcom X, um líder político que tinha como premissa o revanchismo radical.

Em um dos vídeos do Canal Heróis e Mais no YouTube, intitulado "X-Men não é sobre preconceito", postado em 2022, essa mentira foi desmascarada. A comunidade *nerd* aceitou essa "versão" como verdade. Supostamente afirmada por Stan Lee, o criador dos X-Men. Contudo, em uma entrevista, o próprio Stan Lee explica como concebeu os X-Men e que a origem deles não tem nada a ver com preconceito, luta de classes, racismo, fobias, Malcom ou Luther King. O fato é que só ficamos sabendo desse absurdo após criarmos o canal, mais de 18 anos depois, graças à grande liberdade e variedade de informações presentes na internet. Resolvemos nos aprofundar no assunto e alertar a comunidade que nos segue, considerando que grande parte da comunidade *nerd* pelo mundo ainda acredita que os X-Men foram concebidos para ser uma arma da militância política a favor das minorias.

Além do cinema, os quadrinhos são frequentemente usados como arma política para manobrar as massas, e o foco, na maioria das vezes, são os jovens desprovidos de informação ou com opiniões diferentes das que costumeiramente surgem na mídia *mainstream*.

Hoje, confessamos para milhares de pessoas o grande arrependimento do "calar e não fazer nada" diante do que estava acontecendo com a arte de forma geral, principalmente nos cinemas. A corrupção dos símbolos que são evidentes nas novas produções da Disney, empresa que tinha como foco criar obras para toda a família assistir sem se preocupar em ser bombardeada com mensagens morais e progressistas a todo momento. Um exemplo é a versão do filme *Pinóquio* de 2022, em que o brinquedo feito por Gepeto não possui o desejo de ser um menino, como na produção original. Agora Pinóquio quer ser qualquer coisa. A Disney faz um claro aceno à ideologia de gênero.

Na "Casa do Rato", existem dezenas de outros exemplos de como estão corrompendo suas produções clássicas e "atualizando" suas histórias. *Mulan*, foi outro absurdo narrativo. Na versão moderna em *live-action* (2020), a protagonista não tem um fim romântico com o Capitão da Guarda do Imperador. Aqui, a Disney acena para o feminismo, fazendo isso com suas outras princesas, como por exemplo Jasmine em *Aladdin* na versão *live-action* (2019), que, diferente do filme animado, se torna sultana, algo inconcebível para a cultura árabe da época. Pois, para o feminismo, mulheres não precisam de um par romântico ou romance algum para se completar, e sim estar em uma posição de poder rivalizando com homens.

Para defender a pauta identitária ou, como gostamos de chamar, "a representatividade *fake*", a Disney começou uma cruzada contra o então governador da Flórida, Ron DeSantis. A Flórida, local em que a Disney tem seus parques temáticos, aprovou uma lei proibindo as escolas de abordarem em seu currículo educacional a temática da "orientação sexual" e a pauta da identidade de gênero para crianças abaixo de oito anos de idade. A Disney, mesmo sem nenhum motivo mercadológico – afinal, a maioria de seu público concorda com o governador, como aponta a queda nas assinaturas de seu *streaming* e no preço de suas ações na bolsa de valores americana –, começou um movimento contra a medida.

Famílias foram para a frente da sede da Disney se manifestar contrárias ao movimento que a corporação estava criando e financiando tão fortemente. Boicotes contra os filmes e o serviço de *streaming* Disney Plus aconteceram em massa. Em seguida, a Disney lança *Lightyear* (2022) com o *marketing* do beijo lésbico, e o filme acaba sendo um fracasso terrível de bilheteria. Depois de *Lightyear*, foi lançado mais um filme com conteúdo LGBT chamado *Mundo Estranho* (2022), que gerou para a Disney um prejuízo de 150 milhões de dólares. Outro fracasso.

A diferença entre os dois é que no caso de *Lightyear*, Buzz, o personagem principal, atraiu mais pessoas ao cinema pelo peso que possui no imaginário da audiência. A luta contra o governador gerou uma reação em cadeia que fez a Disney perder muito dinheiro, o que levanta a pergunta: sendo a Disney uma empresa que depende do lucro gerado pela venda de seus produtos para continuar funcionando e estando seu faturamento em queda, por que, mesmo após seus clientes informarem o que querem consumir, ela continua a manter a postura mercadológica fracassada arriscando ir à falência?

Em fevereiro de 2023, DeSantis aprovou a lei que toma o controle do distrito da Disney, que, desde a década de 1960, funcionava como uma "embaixada", tendo leis próprias e isenção de vários impostos. "Esses não são os valores que queremos promover no estado da Flórida!", falou o governador.

Algumas características presentes nas novas produções acendem o sinal de alerta no público, que começa a questionar se a ideologia dos CEOs, diretores, roteiristas e atores está acima da arte e do entretenimento. As mudanças de etnia de personagens clássicos, por exemplo, é uma das principais estratégias dos cheirosos.[2]

Profissionais da Disney, e de outras empresas com ideologias semelhantes, vêm investindo cegamente nessa agenda, e não aceitam que seu público queira apenas sentar na cadeira ou entrar em um parque temático e se divertir com familiares e amigos, como se fazia antigamente.

Qualquer um que se recuse a aceitar a doutrinação disfarçada de entretenimento é chamado de racista por todos os envolvidos na criação e divulgação dos produtos.

Essa agenda de "inclusão" (que reforça estereótipos em vez de eliminá-los) é seguida à risca, atualmente, por quase todos em Hollywood.

---

2   "Cheirosos" é como chamamos os progressistas/*wokes*.

Alega-se que negros devem se ver literalmente nos personagens de todas as obras. Não é preciso que uma pessoa do Ocidente veja "seu reflexo" em doramas[3] e animes, ou que um oriental se veja *O Auto da Compadecida*, para que se identifique com seus personagens; o que está fora da superfície da aparência e próximo aos valores mais elevados é o que importa.

Vamos pegar algo mais específico para nossa realidade brazuca. Voltando aos tokusatsus, que são criações originalmente japonesas, podemos fazer as seguintes indagações:

Por que nós (assim como milhares de brasileiros) nos identificamos tanto com aqueles personagens orientais dos quais somos tão diferentes fisicamente? Só devemos nos identificar com um herói, ou personagem, se ele for da nossa cor, sexo, estatura, nacionalidade, nível intelectual etc.? Gostar de um personagem exclusivamente por sua semelhança na aparência física não é exatamente o contrário do que os cheirosos chamam de diversidade? Seremos obrigados a gostar do Pantera Negra porque ele deve ser nosso exemplo de herói por sermos negros? E se, em um arco específico, o Pantera Negra se tornar um vilão genocida, ainda assim deveremos nos ver naquele personagem?

Goku é o personagem principal da franquia de sucesso intitulada *Dragon Ball*. Ele é um alienígena inspirado em um conto chinês, sendo um herói criado por japoneses. Seguindo a lógica de hoje (ou a falta dela) em Hollywood, poucos seres humanos poderiam se identificar com esse herói – na verdade, nenhum –, já que até onde se sabe não existem Sayajins[4] entre nós. *Dragon Ball* está entre as franquias mais vendidas no mundo. HQs, jogos, animes, camisetas, ou seja, tudo que é feito com o título DB é um sucesso. Considerando a ideia "cheirosa" de se ver fisicamente nas produções artísticas, o que justifica o imenso sucesso de obras como essa? Nada explica, a não ser a premissa deles estar completamente equivocada.

---

3   Produção audiovisual em série feita na Coreia do Sul, geralmente com foco em dramas sentimentais.

4   Raça alienígena da qual Goku, o protagonista de *Dragon Ball*, faz parte.

Hoje, a plataforma Disney Plus expõe um aviso de suas novas políticas de entretenimento. Ao se escolher um filme clássico para assistir, como *Branca de Neve e os Sete Anões*, de 1937, a plataforma alerta que esses clássicos não representam mais seus "valores":

> Este programa inclui representações negativas e/ou maus-tratos de pessoas ou culturas. Esses estereótipos eram incorretos na época e continuam sendo incorretos hoje em dia. Em vez de remover esses conteúdos, queremos reconhecer o impacto nocivo que eles tiveram, aprender com a situação e despertar conversas para promover um futuro mais inclusivo juntos.

O discurso é palatável para muitos desavisados, porque, afinal de contas, nenhuma pessoa virtuosa é contrária ao combate a "estereótipos ruins". Mas não se enganem, esse tipo de anúncio não está em *Frozen* ou *Mundo Estranho*, e sim em *Peter Pan*, *Pinóquio* e outros clássicos que ajudaram a moldar o imaginário do Ocidente. Este "alerta" está em algumas produções e em outras não, embora todas elas apresentem estereótipos em seus personagens; isso quer dizer que a empresa gosta de alguns estereótipos e de outros não? Ou que estereótipo foi a palavra que encontraram para rotular qualquer característica de personagens e histórias admiradas pela audiência, mas odiadas pelos atuais criadores da Disney? Como Walt Disney, fundador dessa megaempresa, reagiria às recentes obras e a esse "alerta" nos clássicos da sua época? Temos uma ideia de como seria a reação, mas infelizmente ele não está mais entre nós, e parece não existir, atualmente, resquício algum dele na empresa.

O mesmo acontece com os personagens da Marvel, a detentora dos direitos dos *X-Men*, que perdeu seu fundador, Stan Lee, em 2018. O homem que chegou a barrar um possível Homem-Aranha gay disse em uma entrevista:[5]

---

5 "Homem-Aranha não deveria ser negro ou gay", Stan Lee, *VEJA* (abril.com.br).

> A única coisa que eu não gosto é a mudança de personagens que já temos e estão estabelecidos. Por exemplo, eu gostaria que o Homem-Aranha continuasse como ele é. Mas não tenho problemas em criar um super-herói que seja homossexual, negro, latino ou chinês. O mundo é nosso playground, e existem diversos heróis que podemos criar.

Será que Stan Lee estaria satisfeito com as mudanças que estão fazendo nos personagens mais importantes do universo que criou? Hulk e Thor foram desconstruídos nos últimos filmes de *Os Vingadores*. Thor, um deus de mais de 5 mil anos de idade e com diversas experiências de batalha, perdas, vitórias, responsabilidades reais, treinamento e observação de povos menos desenvolvidos, se torna uma espécie de tiozão gordo, irresponsável, com conflitos similares aos de um adolescente mimado. Hulk, a outra face de um brilhante cientista, atormentado por seu *alter ego*, que escolhe viver recluso para não ferir seus entes queridos, é transformado em um ser bonzinho e que não representa nenhum tipo de "perigo" ou referência heroica a ninguém. A verdadeira intenção de esses dois personagens passarem por essas drásticas mudanças é só uma: o aceno ao feminismo!

A Capitã Marvel, uma personagem que nem sequer existia nos quadrinhos, foi concebida no universo cinematográfico para obliterar Hulk e Thor. O próprio CEO da Marvel Studio, Kevin Feige, confessa que a personagem é seu xodó, e que não existe heroína ou herói mais poderoso que ela. Absurdo esse que qualquer *nerd* novato na comunidade, com um pouco de pesquisa, sabe que não é verdade.

A credibilidade adquirida por Kevin Feige, durante mais de uma década de produções de sucesso, caiu ainda mais com o lançamento do seriado *She-Hulk*, em 2022. Uma heroína, admirada por muitos nos quadrinhos, é adaptada para uma série de TV feminista, agressiva ao extremo, e o foco dessa agressão são os fãs tradicionais de quadrinhos. Desde o primeiro episódio, percebe-se a intenção dos roteiristas de criticarem os fãs tradicionais de super-herói; mas principalmente nos seus últimos episódios fica mais evidente – mesmo os mais desavisados podem perceber que, na verdade, o vilão da série *She-Hulk* é a pessoa estereotipada pelos roteiristas (aqui pode estereotipar?) como "nerdola".[6] Aquele *nerd* estilo Stan Lee, que não gosta que personagens estabelecidos sejam mudados para atender a uma agenda *woke*.[7]

A Marvel inundou o cinema com dezenas de filmes *blockbusters* entre os anos de 2008 a 2019. Qualquer outro filme lançado nos cinemas fora do nicho de super-heróis era engolido pelos filmes da "Casa das Ideias", como é conhecida a Marvel (com exceção de *Star Wars*, *O Senhor dos Anéis*, *Gladiador* e *Avatar*). Até a concorrente direta, DC/Warner, sofria com a disputa de público. A fórmula Marvel dos quadrinhos, que deu certo até os anos 1990, foi aplicada com mestria nas telonas após o médio sucesso de *X-Men* (produzido pela Fox) e de *Homem-Aranha* (da Sony). O filme *Homem de Ferro* de 2008 deu início a isso tudo. Essa foi a chamada "Marvel – Fase Um".

As fases 2 e 3 duraram, exatamente, até 2019, quando o filme *Vingadores: Ultimato* fechou o ciclo. Stan Lee morrera recentemente, o que abriu caminho para que os novos CEOs colocassem em prática qualquer ideia de modificação pretendida nas histórias e nas características dos heróis clássicos. Surgia ali a era "*full woke*" ou a "era cheirosa" da Marvel no cinema.

De 2019 até o momento em que este livro está sendo escrito, temos quatro anos de muitos fracassos de bilheteria. A queda na qualidade das produções e nas vendas de todo o mundo, além de escândalos com os funcionários de efeitos visuais alegando jornadas abusivas de trabalho, só provam que o MCU, universo cinematográfico da Marvel, que havia conquistado milhões de pessoas pelo mundo inteiro, havia se rendido ao feminismo e ao

---

6   Termo pejorativo que o cheiroso usa para se referir a *nerds* com um viés mais conservador; contudo, esse termo foi ressignificado pela nossa comunidade, e o termo "nerdola" hoje é usado com orgulho, justamente por sermos *nerds* conservadores.

7   *Wokes*/despertos: conceito que hoje substitui culturalmente o termo "progressista"; nós os chamamos de cheirosos.

movimento racial, ou seja, a toda a pauta identitária, deixando o entretenimento, como exigido por seus financiadores, em último plano.

Franquias estão sendo destruídas pelos novos agentes cheirosos que surgiram nos últimos 30 anos. Hoje, roteiristas que se dizem *wokes* estão tomando conta das salas de criação e dominando o universo artístico. Para ilustrar o que acontece atualmente no cinema de forma geral, podemos descrever aqui um conceito chamado "o parasita pós-moderno".

O PARASITA PÓS-MODERNO

O parasitismo pós-moderno é um conceito cunhado pelo franco-canadense Jonathan Pageau para descrever como boa parte da cultura, hoje, tem se apropriado de personagens já existentes para "ressignificá-los".

Pageau descreve o fungo *Ophiocordyceps unilateralis* (ou "fungo da formiga zumbi"), que domina o corpo e o cérebro da formiga tomando o controle total até o ponto em que abre a cabeça do inseto e se posiciona no topo de uma árvore para que possa espalhar mais esporos e, assim, contaminar outras formigas, repetindo o ciclo de escravidão mental.

A intenção primária do cinema atualmente não é entreter o público e, eventualmente, levar ideias morais de modo secundário – isso se a obra tiver espaço para tal.

A intenção hoje é usar símbolos já estabelecidos no imaginário da sociedade para introduzir ideias morais que, na visão dos autores *woke*, são mais adequadas. Só que, assim como o fungo, o parasita precisa de um hospedeiro para que suas ideias sejam ouvidas, pois, de outra forma, nunca serão levadas a sério.

Ao distorcer a jornada do herói,[8] o autor consegue esvaziar os elementos de aprendizado e humildade contidos nesse conceito narrativo. Rey, de *Star*

---

8   A jornada do herói ou monomito é um conceito de jornada cíclica presente em mitos, segundo o escritor e mitologista Joseph Campbell.

Wars, por exemplo, já está pronta, é dona de seu destino desde o início, controla a força e não precisa de mentor nem mesmo para iniciar o processo de aprendizado; ela é melhor que Luke, Darth Vader e Han Solo.

Ela não possui arco de aprendizado, ela não precisa de ninguém, e mesmo que sua motivação seja a sua família, isso é rapidamente esquecido por conta da mensagem da obra, que é "esqueça o passado" (mensagem que fundamenta todo o pensamento progressista, que considera que o progresso é sempre bom e deve ser buscado independentemente dos resultados que gere); por ser melhor que todos, ela não precisa de mentor, e é superior a todos os homens. Quando, em uma verdadeira jornada do herói, homens e mulheres são falhos e precisam de etapas de crescimento para se tornar melhores, têm de ser humildes para reconhecer suas falhas e conseguir se desenvolver. A jornada do herói de Joseph Campbell tem como premissa mostrar como esse mito pode ser encontrado em todas as culturas. Mas o arquétipo de Mary Sue apresenta mulheres perfeitas, sem conflitos internos e que não possuem a necessidade de desenvolver as virtudes internas. Traz heroínas rasas e que são apenas veículos de propaganda ideológica identitária.

O ARQUÉTIPO DE MARY SUE

Esse arquétipo foi criado a partir de *fanfics* de *Star Trek* nos anos 1970. Uma personagem de 14 anos que era melhor que todo o mundo, amada por todo o mundo e que, ao final da história, morria de forma heroica para virar uma lenda salvadora do mundo, pois era boa demais para viver nele.

Ele está presente em quase todas as personagens femininas atuais de Hollywood, pois o sentimento de revanchismo contra o tal patriarcado que os autores cheirosos têm não lhes permite conceber personagens mais profundas com defeitos e dramas, que realmente se conectem com a maioria de seu público. Apenas militantes acostumados com a linguagem moderna gostam desse tipo de personagem.

Capitã Marvel, Teela, Galadriel, Rey, Ellie são exemplos de personagens de produções *mainstream* construídas com esse arquétipo. Essas personagens não têm histórias verossímeis e universais, e todas elas parecem viver os mesmos dramas dos cheirosos da Califórnia, mesmo que o *worldbuilding* de suas histórias seja o de mundos fantásticos medievais ou de outras galáxias muito distantes.

O feminismo e a ideia da supremacia feminina estão incutidos em todas essas personagens, e a caracterização do arquétipo de Mary Sue se faz presente em todas elas, mesmo que algumas tenham leves nuances em suas construções narrativas. O parasita pós-moderno já controla sua formiga.

O CONTRA-ATAQUE

Para haver uma vitória contra o mal, ele precisa ser revelado, e algo bom dever ficar em seu lugar. A arte que edifica, que é bela, boa e verdadeira precisa voltar aos holofotes o quanto antes. Hoje, existem muitos exemplos por aí: nas histórias em quadrinhos temos os mangás; no cinema, produções que ultimamente vêm, de certa forma, lutando contra o atual tipo de entretenimento de Hollywood, como *Top Gun: Maverick*, *Northman* e poucos outros.

Top Gun: Maverick recentemente foi reconhecido como o "filme que salvou a bunda de Hollywood", em clara referência às palavras de agradecimento de Steven Spielberg[9] para o protagonista do filme, Tom Cruise.

Nas séries, temos os doramas, produções sul-coreanas que focam em questões universais, como amor entre um casal, luta do bem contra o mal etc., e conseguem entreter seu público passando ideias morais de forma adequada, sendo sucesso na arte de contar histórias.

Os identitários berram aos quatro ventos que a representatividade é o ponto principal de suas obras, mas não é verdade. Tudo o que eles

---

[9] https://oglobo.globo.com/cultura/filmes/noticia/2023/02/steven-spielberg-agradece-a--tom-cruise-em-almoco-de-indicados-ao-oscar-voce-salvou-a-bunda-de-hollywood.ghtml

querem é tomar o espaço para que sua "gente" seja a única a produzir arte e a conseguir patrocínios e financiamentos para tal. Querem que todos consumam suas produções (e ideologia) sem nenhuma crítica ou rejeição.

Os personagens precisam se parecer com os "grupos minoritários", pois só assim essas "minorias" se sentiriam empoderadas em uma sociedade que as "oprime estruturalmente", segundo as concepções ideológicas *woke*.

Nos doramas, que são ambientados em variados cenários, os atores coreanos performam todo tipo de enredo: ação, aventura, romance; e não há pessoas com outras etnias nas histórias. Tudo o que vemos são pessoas sul-coreanas, e isso não atrapalha em nada a imersão nas tramas. O que nos conecta não é a aparência física, e sim o que é universal: dramas, sentimentos, percalços, resiliência, amores, desafetos etc.

Os cheirosos não compreendem por que essas séries fazem tanto sucesso. Justamente porque, em suas mentes ideológicas, apenas raça e sexualidade são importantes. Como disse recentemente o ator Idris Elba, em uma entrevista para a revista *Esquire*: "São obcecados por raça!". Idris enfatiza na entrevista que não quer ser reconhecido como um "ator negro" que interpretou tal papel. Ele afirma que quer ser reconhecido pelo seu talento, como em qualquer outra profissão.

Obcecados pelo poder, os novos *players* de Hollywood usam grupos "minoritários" e seus problemas, que são reais, para controlá-los, e, através da arte do cinema, eles conseguem passar ideias morais que servirão de gatilhos para o domínio das massas. Assim, esses grupos votarão em candidatos alinhados com os pensamentos que "eles", os cheirosos, cultivam.

Entendemos isso. Nós nos aprofundamos nesse assunto todos os dias, sem cessar. Entendemos que é na cultura que as boas mudanças acontecem para a melhoria de uma sociedade. E que o entretenimento saudável é mais que necessário para o imaginário humano. A busca pela informação sempre será algo indispensável em uma Guerra Cultural.

ANTICAPITALISMO, ANTIRRACISMO E FEMINISMO

Patrícia Silva

Comunicóloga e pós-doutoranda em Sociologia pela UFRJ. Autora dos livros *O que não te contaram sobre o movimento antirracista* e *bell hooks além do espelho*.

O ANTICAPITALISMO COMO ROTA PARA O ANTIRRACISMO CONTEMPORÂNEO E O FEMINISMO

Em 14 de junho de 2020, Angela Davis, ativista antirracista e feminista de renome mundial, afirmou ao portal independente de notícias *Democracy Now*[1] que o racismo é intrínseco às relações sociais capitalistas e que um não será abolido sem o outro. Ela diz:

> Estou convencida de que a erradicação definitiva do racismo exigirá que avancemos para uma organização mais socialista de nossas economias. (...) Acho que temos um longo caminho a percorrer antes de começarmos a falar sobre um sistema econômico que não seja baseado na exploração e na superexploração de negros, latinos e outras populações racializadas. Mas acho que agora têm os meios conceituais para se envolver em discussões.

Em 26 de julho de 2021, a ativista feminista Judith Butler realizou uma apresentação no canal da Editora Boitempo no YouTube.[2] Nessa apresentação, Butler aborda o encontro entre marxismo e teoria *queer*. Ela diz o seguinte: "É verdade, o feminismo é anticapitalista".

---

1 "We can't eradicate racism without eradicating racial capitalism", Angela Davis, YouTube.
2 "O que é marxismo *queer*?", Judith Butler, YouTube.

Os pensamentos de Davis e Butler são reproduzidos em obras mais recentes de intelectuais nacionais e estrangeiros. Ao lado do cristianismo, do imperialismo e do patriarcado, na literatura acadêmica especializada em estudos sobre relações raciais e sobre feminismo, o capitalismo passou a ser compreendido como um dos quatro cavaleiros do Apocalipse.

Passou-se a sugerir, implícita ou explicitamente, que o combate ao racismo e ao sexismo é dependente ou consequente do movimento anticapitalista. Mas duas perguntas podem ser feitas aqui:

a) Qual é a origem desse pensamento?
b) Isso é verdadeiro?

O presente capítulo tem o objetivo de promover uma reflexão sobre as relações entre antirracismo e capitalismo e entre feminismo e capitalismo. Para tanto, utilizarei a pesquisa bibliográfica como metodologia. A reflexão proposta aqui tem apoio na produção intelectual das áreas de sociologia e filosofia. O capítulo é organizado em quatro partes, a saber: 1) As origens do pensamento anticapitalista; 2) A operacionalização do antirracismo como rota para o anticapitalismo; 3) O feminismo como plataforma do marxismo; e 4) Conclusão.

AS ORIGENS DO PENSAMENTO ANTICAPITALISTA

A base filosófica que sustenta a proposição do anticapitalismo é o marxismo. De acordo com essa perspectiva, a forma como a sociedade produz economicamente está fundamentada na exploração do proletariado pela burguesia. Movimentos sociais identitários, influenciados por esse pensamento, compreendem que o proletariado ganha uma identidade que se soma à sua classe: o trabalhador passa a ser o proletário negro; a trabalhadora passa a ser a proletária mulher; e assim por diante. A partir daí, origina-se a concepção de que o sistema capitalista fomenta explorações de outras naturezas, tais como o racismo, o machismo e a homofobia.

Em sua coluna para a revista *Compact*,[3] o jornalista Chris Cutrone, através do texto intitulado "O fim do marxismo *millennial*", explica o renascimento do marxismo no debate público:

> (...) o aparente sucesso da oposição de direita ao neoliberalismo empurrou a esquerda *millennial* em uma direção antirracista e "antifascista", centrada nos protestos do *Black Lives Matter*. A esquerda *millennial* foi atraída de volta ao esquema étnico-constituinte do Partido Democrata. **Com esse surgimento de movimentos de identidade social sobre raça e gênero, #MeToo e BLM, o marxismo apareceu mais uma vez como uma explicação para o racismo e o sexismo sob o capitalismo, eclipsando as preocupações com as crises socioeconômicas** (grifos meus).

Cutrone ainda nos lembra que:

> Até o surgimento da esquerda *millennial*, o marxismo parecia permanentemente marginalizado, sua irrelevância dramaticamente confirmada pelo colapso tardio da União Soviética e dos regimes comunistas na Europa Oriental. Mas a história e, portanto, o marxismo, voltou no novo século.

A deputada federal Talíria Petrone (PSOL-RJ) assinou o prefácio da edição brasileira do livro intitulado *Feminismo para os 99%: um Manifesto*,[4] de Cinzia Arruzza, Tithi Bhattacharya e Nancy Fraser. Nesse texto, a deputada afirma o seguinte:

---

3   "The End of Millennial Marxism", *Compact*, 1º de julho de 2022.
4   *Feminismo para os 99%: um Manifesto*, Cinzia Arruzza *et. al.*, Boitempo, 2019.

> A consolidação do sistema capitalista no mundo está imbricada com a invasão e a dominação dos territórios latino-americanos e a imposição ao mundo de um modelo de ser humano universal moderno que corresponde, na prática, ao homem branco, patriarcal, heterossexual, cristão, proprietário. Um modelo que deixa de fora diversas faces e sujeitos, em especial as mulheres. O feminismo das 99% não se furta de romper com essa lógica colonizadora.

Petrone ainda afirma: "Precisamos avançar contra o feminismo do 1% que detém mais da metade da riqueza deste mundo à custa da exploração e da opressão da maioria".

É possível – e necessário! – discordar da perspectiva da deputada a respeito do capitalismo. Veja: a propriedade privada não é fruto da exploração do burguês sobre o proletário; um indivíduo não enriquece em detrimento da pobreza do outro, ou seja, não é um jogo de soma zero.

Thomas Sowell, em *Discriminação e Disparidades*,[5] afirma que:

> (...) se a riqueza dos capitalistas ricos viesse da exploração dos trabalhadores, seria plausível esperar que onde houvesse grandes concentrações de capitalistas ricos houvesse concentrações correspondentemente grandes de pobreza. No entanto, os fatos concretos apontam na direção oposta.

A impetuosidade que segue as ações dos anticapitalistas tem como desejo eliminar as desigualdades. Sowell aponta que as diferenças entre os seres humanos normalmente decorrem de fatores mais complexos do que a mera discriminação arbitrária. Os anticapitalistas partem da premissa de que, em situações livres de exploração e de discriminação, o desempenho de todos os indivíduos, grupos e nações seria similar. Contudo, os estudos de Sowell apontam que esse desempenho não seria similar, pois,

---

5   Record, 2020.

mesmo em condições ideais, a curva de distribuição do sucesso sempre será como sempre foi ao longo da história do mundo: bastante assimétrica, independentemente das qualidades reais dos indivíduos em situação de competição. Essa variabilidade tem relação com a natureza humana em que cada sujeito, obviamente, é portador de características únicas e individuais.

Quando entendemos o processo de criação de riqueza, a premissa de exploração de uma classe é desconstruída: se não há exploração na forma econômica, não há como essa forma econômica gerar explorações de outras naturezas. Considerando isso, a ideia de que a abolição da propriedade privada levaria à abolição de problemas sociais como o racismo perde o sentido.

Ainda assim, vemos hoje em dia pessoas com alto nível de escolaridade (universitários, intelectuais e acadêmicos) defendendo uma postura anticapitalista. Como os princípios marxistas são difíceis de serem difundidos e absorvidos na cultura popular (imagine tentar convencer um trabalhador comum sobre desmilitarização da polícia militar ou a abolição da propriedade privada), os ativistas identitários ressuscitaram o marxismo e utilizam plataformas mais palatáveis ao grande público. Duas dessas plataformas são o movimento antirracista e o movimento feminista; combater o racismo e o machismo parece muito mais crível do que combater o capitalismo.

A OPERACIONALIZAÇÃO DO ANTIRRACISMO COMO ROTA PARA O ANTICAPITALISMO

A solução para o racismo estrutural é a revolução.
— Alysson Mascaro[6]

---

[6] Professor da Universidade de São Paulo e ex-orientador de doutorado do professor Silvio Almeida. Disponível em: "A solução para o RACISMO ESTRUTURAL é a REVOLUÇÃO", Alysson Mascaro, *Entrelinhas*, YouTube.

Nos últimos anos, o termo "racismo estrutural" tornou-se tão difundido – quase vulgar – que, por vezes, parece que é algum produto da natureza. A maioria das pessoas, tão imersas no discurso hegemônico difundido por intelectuais, mídia e ativistas, não faz uma pergunta muito simples: existe racismo estrutural? Ou até mesmo a pergunta que deveria ser básica: qual é a estrutura do racismo estrutural?

Muitos dos que difundem a teoria do racismo estrutural como se fosse de fato irrefutável não leram a obra *Racismo Estrutural*, de Silvio Almeida. A teoria do racismo estrutural é uma extrapolação da teoria do racismo institucional. Contudo, o autor deixa de anunciar o que está chamando de estrutura e à luz de quais autores. Um leitor atento perceberá que o livro não foi capaz de apresentar uma teoria social – como prometido pelo autor –, mas uma petição de princípio. O autor também não deixa explícito seu viés ideológico, mas fornece várias dicas que são confirmadas através da leitura de outras obras de sua autoria.

O livro *Marxismo e Questão Racial – Dossiê Margem Esquerda*[7] (do qual uma das contribuições é revelar sua filiação ao pensamento marxista), organizado pelo professor Silvio Almeida, atual Ministro dos Direitos Humanos e Cidadania, traz quatro capítulos, de autoria de Alessandra Devulsky, Dennis de Oliveira, Márcio Farias e Rosane Borges, além da Apresentação assinada por ele próprio:

> Se é possível dizer que o marxismo permite uma compreensão científica da questão racial, também se pode afirmar que a análise do fenômeno racial abre as portas para que o marxismo cumpra sua vocação de tornar inteligíveis as relações sociais históricas em suas determinações sociais mais concretas.

---

7   Boitempo, 2021.

A partir daí, é possível apontar que a teoria do racismo estrutural busca estabelecer a luta anticapitalista como rota imprescindível para a construção de uma sociedade antirracista. Segundo Almeida:

> Os conceitos de classe, Estado, imperialismo, ideologia e acumulação primitiva, superexploração, crise e tantos outros ganham concretude histórica e inteligibilidade quando informados pelas determinações raciais. Nesse sentido, é importante dizer quão essencial o estudo das relações raciais é para a compreensão das especificidades de cada formação social capitalista, especialmente nos países da América, do Caribe, da África e da Ásia.

O capítulo de autoria de Alessandra Devulsky, professora de Direito que reside no Canadá, aponta o seguinte: "O racismo e o sexismo, enquanto forem expulsos da problemática marxiana como fenômenos de ordem menor, continuarão a existir como impeditivos do exercício político voltado à emancipação total".

Os excertos supracitados mostram como o movimento antirracista contemporâneo mobiliza clássicas categorias da teoria marxista. Ao fazer isso, estabelece que uma sociedade sem racismo só poderá ser alcançada em uma sociedade sem capitalismo. Trata-se de um pensamento pueril que, infelizmente, aquece corações e seduz mentes.

O FEMINISMO COMO PLATAFORMA DO MARXISMO

Evitando medidas parciais, o feminismo que vislumbramos tem como objetivo atacar as raízes capitalistas da barbárie metastática.[8]

---

8   *Feminismo para os 99%: um Manifesto,* Cinzia Arruza *et al.*, Boitempo, 2019.

Para o movimento feminista, o capitalismo é a base das opressões sofridas pelas mulheres. As pesquisadoras Branca Moreira Alves e Jacqueline Pitanguy, em *O que é Feminismo*,[9] afirmam:

> Engels baseia-se em estudos de relações familiares em sociedades primitivas efetuados por antropólogos como Lewis Morgan. Contrapondo estas sociedades, em que a propriedade é comunal, em que não existe aparelho de Estado e que seriam regidas por laços de parentesco matrilineares, às sociedades capitalistas, conclui que a base de inferiorização da **mulher encontra-se no surgimento da propriedade privada** (grifos meus).

Se o feminismo é necessariamente anticapitalista (exceto a vertente liberal), é correto assumir que sua fonte está no marxismo ou no materialismo histórico. As autoras Branca Alves e Jacqueline Pitanguy utilizaram a obra de Engels para argumentar que a base da inferiorização da mulher está no surgimento da propriedade privada.

Rosane Borges escreveu o capítulo intitulado "Feminismos negros e marxismo: quem deve a quem?", que compõe o livro *Marxismo e Questão Racial*[10], organizado pelo professor Silvio Almeida. Segundo ela, o principal objetivo do capítulo é "(...) afastar as inevitáveis vozes discordantes que costumeiramente contrapõem feminismo negro e marxismo pelo improdutivo par geral *versus* específico".

Com base na obra de Angela Davis, Rosane Borges aponta "(...) o feminismo negro numa posição perpétua de confrontação do capitalismo". A autora coloca o feminismo negro como uma plataforma de expansão da própria teoria marxista:

---

9   Editora Brasiliense, 1985.

10 *Op. cit.*

> (...) o feminismo negro vai operar um duplo movimento, que se mostra fundamental para o alargamento de perspectivas teóricas no campo da teoria social: tira do domínio das classes sociais a chave explicativa para pensar as discriminações e as hierarquias e insere a dimensão racial no escopo das reivindicações de gênero.

Borges entende o feminismo negro, operacionalizado com os fundamentos marxistas, como

> (...) uma proposta radical, pois interpela, de um lado, análises e políticas presas apenas à visão de classe e, de outro, põe em questionamento a visão universalista de gênero que teve primazia na política antissexista na primeira metade do século XX.

Ainda segundo Borges:

> Disso dão prova expressiva as colaborações de pensadoras e ativistas como Lélia Gonzalez e Angela Davis. A primeira, uma das vozes mais expressivas do feminismo negro brasileiro, embasa seus argumentos na ideia de Marx. De acordo com Lélia, o racismo é uma ideologia que sustenta a exploração capitalista.

Ao apontar o equívoco de associar o feminismo negro ao pós-modernismo, Borges explicita a raiz marxista dessa vertente do feminismo:

> Os vitupérios costumeiramente desferidos contra o feminismo negro, que o encapsulam numa agenda reducionista e redutora, que o associam ao pós-modernismo, revelam uma não compreensão de sua incidência na teoria social e na prática política. Ainda que não adote, em certos casos, a régua unívoca do marxismo, mantém-se como uma práxis que por vias diversas põe em cena

a exclusão do capital. Essa redução destitui o feminismo negro de seu caráter radical e pluralista.

Para a autora, o feminismo negro tem potencial para ser um instrumento de

(...) se instalar nas brechas abertas pelo receituário marxista, oferecendo ferramentas para que tonifique seu diagnóstico sobre a estratificação de classes, levando em conta a matéria-prima (racismos e sexismos, fundamentalmente) de uma realidade que molda a vida de mais da metade da população do planeta.

A instrumentalização do feminismo para a luta anticapitalista não é privilégio do feminismo negro; o feminismo *mainstream* também faz tal instrumentalização. A escritora feminista Jessica Valenti, autora do livro *Objeto Sexual: Memórias de uma Feminista*, publicou um texto de opinião no jornal *The New York Times* intitulado "The Myth of Conservative Feminism" [O mito do feminismo conservador].[11] Nele, Valenti traz apontamentos pertinentes para demarcar como não é possível ser conservadora e feminista ao mesmo tempo. Ela diz:

Durante anos, a direita chamou as feministas de "odiadoras de homens" que queriam destruir a família ou argumentou que éramos membros de um movimento irrelevante. Agora que o feminismo é mais poderoso cultural e politicamente do que tem sido em décadas, no entanto, os conservadores estão ansiosos para capitalizar seu prestígio. Ou empunhá-lo como um porrete. (...) É um argumento vazio do Partido Republicano, que não faz quase nada para priorizar a representação das mulheres. **A verdade é**

---

11 "The Myth of Conservative Feminism", Opinion, *The New York Times* (nytimes.com) https://www.nytimes.com/2018/05/19/opinion/sunday/conservative-feminism.html

> *que, embora o feminismo não precise ser complicado – é um movimento por justiça social, econômica e política –, não é para todos. (...) Temos uma tarefa diferente: proteger o movimento contra a apropriação conservadora.* Chegamos longe demais para permitir que a direita diminua um movimento bem definido para seus próprios ganhos cínicos. Porque se feminismo significa aplaudir "qualquer coisa que uma mulher faça" – até mesmo machucar outras mulheres –, então não significa nada (grifos meus).

O feminismo se apoia, necessariamente, no marxismo e é, necessariamente, progressista e anticapitalista. Para esse movimento, o encerramento das opressões sofridas por mulheres só acontecerá com a abolição do capitalismo.

CONCLUSÃO

> *É possível ser anticapitalista sem ser antirracista, e antirracista sem ser anticapitalista.*[12]
>
> — Nicholas Lemann, professor da Universidade de Columbia

Tenho notado um esforço dos autores em associar o antirracismo ao anticapitalismo. Todos acabam por propor, indiretamente, a abolição do capitalismo em nome do combate ao racismo. O que eu acho particularmente interessante é que não há, de forma clara, uma exposição sobre qual modo de produção deverá substituir o capitalismo (apesar de desconfiarmos de qual seja).

---

12 https://www.wbur.org/cognoscenti/2020/09/17/racist-capitalism-rich-barlow

Devo confessar que não simpatizo com encaminhamentos que tendem a colocar tudo aquilo que é passível de crítica na conta do capitalismo. Ou do cristianismo. Ou do imperialismo. Ou do patriarcado. Acho muito juvenil e me causa estranheza ver adultos escolarizados assumindo essa postura.

Contudo, é importante dizer que nem sempre a vanguarda intelectual brasileira pensou dessa forma. A feminista negra brasileira Lélia Gonzalez – uma das fundadoras do Movimento Negro Unificado, que tem raízes na esquerda brasileira surgida durante o regime militar –, em uma entrevista para o livro *Patrulhas Ideológicas*, ao ser perguntada sobre a esquerda brasileira, respondeu o seguinte:

> Bom, eu gostaria de colocar aqui que eu pertenço ao Movimento Negro Unificado, que estamos aí numa batalha violenta no sentido de conquistar um espaço para o negro na realidade brasileira, e *o que eu tenho percebido é uma tentativa por parte das esquerdas em geral de reduzir a questão do negro a uma questão meramente econômico-social. Na medida em que liquida o problema de classe, na medida em que entramos numa sociedade socialista, o problema da discriminação está resolvido. A meu ver esse problema é muito mais antigo que o próprio sistema capitalista, e está de tal modo entranhado na cuca das pessoas que não é a mudança de um sistema para o outro que vai determinar o desaparecimento da discriminação racial.* (...) As correntes progressistas, elas minimizam da forma mais incrível as nossas reivindicações[13] (grifos meus).

A verdade é: Lélia Gonzalez tem razão. Não há sistema econômico sem racismo, que aparece como uma infestação em diferentes economias e culturas. Há muito o que se fazer para combater o racismo em nossa civilização.

---

13 "A questão racial na formação dos partidos brasileiros: os casos do PT e PDT no contexto da redemocratização", Flavia Rios, 2014, https://revistaterceiromilenio.uenf.br/index.php/rtm/article/download/89/61/

Ainda que alguns teóricos marxistas não percebam Cuba como um país socialista por este, supostamente, se desviar de alguns princípios considerados centrais no socialismo, parece-me seguro estabelecer que a ilha cubana não é capitalista. Segundo os indicativos de boa parte dos acadêmicos, uma sociedade socialista (ou não capitalista, como queiram) seria livre de racismo. Mas Cuba existe para mostrar quão falso é esse indicativo.

Uma reportagem da revista *Veja* publicou um estudo de 2007[14] que mostrou que, apesar de dois terços da população cubana ser negra, 80% dos cientistas e professores universitários são brancos. No primeiro escalão governamental, os negros quase não aparecem.

Carlos Moore,[15] ativista e intelectual cubano, denunciou o racismo na ilha e passou a ser perseguido pelos dois lados da Guerra Fria. Segundo Moore, "as pessoas têm uma visão de que foi uma revolução generosa, correta com todo o mundo. E foi a pior repressão contra os homossexuais, contra os negros".

Moore complementa:

> (...) porque querem criar um negro novo, um negro submisso, um negro comunista (...). O que eles [revolucionários cubanos] estavam propondo era um negro sem cor, um cubano sem cor. Mas eu queria minha identidade, eu não queria me diminuir e ser sem cor, havia esse discurso de que éramos todos cubanos, só que a cor cubana continuava a ser a branca, já que só havia um negro em posição de comando.

Em certo momento de sua trajetória, Moore precisou negar o racismo em Cuba, durante uma confissão, para não ser fuzilado:

---

14 https://veja.abril.com.br/coluna/duvidas-universais/por-que-os-cubanos-sao-racistas/
15 https://brasil.elpais.com/brasil/2015/08/31/opinion/1441035388_761260.html

> Muitas vezes eu tenho me perguntado por que não aceitei ser fuzilado em lugar de confessar o que eles queriam que eu confessasse. Muitas vezes eu tenho me perguntado isso. E não tenho nenhuma resposta além daquela que eu tinha. Chegou um momento em que eu sabia que a morte estava ali e que, para evitá-la, eu somente tinha que mentir.

Segundo August Nimtz,[16] professor de Ciência Política, Fidel Castro reconheceu a questão racial em Cuba durante um discurso para um público amplamente afro-americano e latino-americano em Nova York em 2000 – "A busca inacabada pela igualdade racial exposta com o colapso da União Soviética".

Os relatos de Carlos Moore e a própria admissão de Fidel Castro parecem insuficientes para a *intelligentsia* brasileira – especialmente a negra –, que insiste, equivocada e persistentemente, em atrelar a necessária luta antirracista à ideologia anticapitalista.

Para quem acredita que o anticapitalismo é uma rota para o antirracismo – a ideia de que outro sistema de produção econômica promoverá igualdade –, aqui vai uma informação: em 1981, John M. Echols III publicou um artigo intitulado "O socialismo significa maior igualdade?" [minha tradução][17]. Com foco na principal potência socialista daquela época, a União Soviética, o artigo conseguiu dar resposta a seu título: ***não***.

E a resposta não mudou. Até hoje.

---

16 https://www.brasildefato.com.br/2020/06/20/artigo-por-que-nao-ha-george-floyds-em-cuba

17 https://www.jstor.org/stable/2110910?seq=1

MEIO AMBIENTE, IDEOLOGIA E OS INTERESSES INTERNACIONAIS

Ricardo Salles

Advogado e deputado federal.

MEIO AMBIENTE E IDEOLOGIA

Nas últimas décadas, a pauta do meio ambiente saltou das revistas acadêmicas especializadas para o horário nobre das grandes emissoras. Um assunto que parecia distante do cotidiano passou a abranger as mais diversas áreas da vida prática: o que as pessoas comem, como se locomovem e até como é seu planejamento familiar. O que nos trouxe até aqui?

Antes de analisarmos como as pautas ambientais ganharam tanto espaço na nossa cultura, no entanto, precisamos assentar alguns fatos básicos sobre o meio ambiente no Brasil.

MAS COMO É O MEIO AMBIENTE RURAL NO BRASIL?

O Brasil é o país que mais preserva florestas nativas e primárias no mundo. Os dados que demonstram essa realidade vêm de muitas fontes: do Instituto Brasileiro de Geografia e Estatística (IBGE), do Serviço Florestal Brasileiro (SFB), da Embrapa Territorial, do próprio Ministério do Meio Ambiente, do Instituto Nacional de Pesquisas Espaciais (INPE) e até da NASA. Ao todo, o Brasil detém 563,7 milhões de hectares em áreas dedicadas à preservação da vegetação nativa, seja em propriedades rurais ou em áreas protegidas, que incluem unidades de conservação (UC), terras indígenas (TI) e áreas militares. É uma área gigantesca, que ocupa 66,3% do território do Brasil, quinto maior país do mundo por área.

O destaque de toda essa preservação sem dúvida vai para os proprietários rurais. São eles que cumprem uma estrita legislação sem paralelo no mundo desenvolvido: o Código Florestal. Essa lei determina que os produtores cuidem de mata nativa dentro de suas propriedades. Na Amazônia Legal, a conservação obrigatória é de 80% da área em todos os imóveis rurais no bioma Amazônia, 35% da área no Cerrado e 20% da área nos campos gerais. Nos demais biomas, são 20% de área dedicados à conservação obrigatória em todo o território nacional. A esses percentuais preservados, a lei chama Reserva Legal. Além disso, existem as Áreas de Preservação Permanente, que incluem nascentes, encostas com declives superiores a 45°, topos de morros e ainda margens de rios, com metragens de proteção progressivas de acordo com a largura do corpo d'água. Tudo isso também deve ser conservado por lei. Ao todo, são 218,2 milhões de hectares destinados à preservação de vegetação nativa em imóveis rurais, o equivalente a 25,6% do território nacional. Por comparação, a área destinada à conservação em terras públicas e áreas militares, mesmo somando tudo e apesar de todo o aumento nas demarcações e criação de unidades de conservação no país sob os governos de esquerda, ainda é uma área menor: são 205,7 milhões de hectares ao todo.

Na Amazônia, os números da conservação de floresta nativa são ainda mais impressionantes. Antes de abordarmos os números, no entanto, precisamos diferenciar a Amazônia Legal do bioma amazônico. A Amazônia Legal é um conceito político-administrativo que inclui nove estados (Acre, Amapá, Pará, Amazonas, Rondônia, Roraima, Mato Grosso, Tocantins e Maranhão) e três biomas (o próprio bioma amazônico, além de partes do Cerrado e partes do Pantanal). Ao todo, a Amazônia Legal soma 5,2 milhões de km² e recobre 61% do território nacional. Dentro da Amazônia Legal, o bioma Amazônia é a área da floresta amazônica propriamente dita, e totaliza 4,2 milhões de km², perfazendo 49% do solo brasileiro. Do bioma Amazônia, 84% estão cobertos por vegetação nativa, numa área que abrange 3,52 milhões de km², o equivalente à de 15 países europeus somados: Portugal, Espanha, França, Alemanha, Itália,

Ucrânia, Polônia, Áustria, Hungria, Tchéquia, Suíça, Croácia, Eslováquia, Bélgica e Holanda.

O exemplo ambiental do Brasil, no entanto, vai muito além da conservação das florestas nativas. Nosso setor energético faz na prática o que os países desenvolvidos apenas pregam em custosas reuniões internacionais. Segundo a Empresa de Pesquisa Energética (EPE), em 2020, as fontes renováveis no Brasil responderam por cerca de 83% da matriz elétrica brasileira, o que representa um dos maiores percentuais do mundo. Se falarmos mais amplamente, os 45% de fontes renováveis na matriz energética do Brasil ainda impressionam, tanto mais quando comparamos esse número ao resto do mundo, que apresenta 14% de fontes renováveis. Entre os países desenvolvidos, membros da OCDE, esse número despenca ainda mais, chegando a apenas 10%. Só de derivados de cana-de-açúcar, o Brasil tem 16,4% nessa matriz, o que demonstra a contribuição do nosso agro para a sustentabilidade também no setor energético.

Os brasileiros do campo contribuem para a conservação ambiental nessas duas frentes, tanto na proteção de mata nativa quanto no setor energético. Não podemos esquecer, no entanto, da produção sustentável de alimentos, que faz nosso agronegócio se destacar mundialmente, com práticas e tecnologias que tornam nossos produtos cada vez mais competitivos e reduzem seus impactos no meio ambiente. Entre essas práticas, podemos destacar o plantio direto e a integração lavoura-pecuária-floresta (ILPF).

O plantio direto é uma técnica que visa reduzir o impacto da agricultura sobre o solo, promovendo a conservação de nutrientes e da matéria orgânica. Essa técnica consiste em semear a nova cultura diretamente sobre a palhada deixada pela cultura anterior, evitando o revolvimento do solo e sua erosão. Segundo a Embrapa, o plantio direto está presente em cerca de 32 milhões de hectares no Brasil, o que representa em torno de 47% da área cultivada no país.

Já a integração lavoura-pecuária-floresta (ILPF) consiste em integrar atividades agrícolas, pecuárias e florestais em uma mesma área, o que pode contribuir para a preservação da vegetação nativa e o sequestro de carbono. Ainda segundo a Embrapa, a área com sistemas ILPF no Brasil aumentou de cerca de 3,5 milhões de hectares, em 2010, para cerca de 15,5 milhões de hectares em 2020.

Os produtores rurais têm adotado outras práticas sustentáveis além dessas, como o uso moderado e racional de defensivos agrícolas e a reciclagem de embalagens de defensivos. A reciclagem dessas embalagens é uma prática que contribui para a redução do impacto ambiental gerado pelos resíduos. Segundo o Instituto Nacional de Processamento de Embalagens Vazias (INPEV), em 2020, o Brasil reciclou cerca de 94% das embalagens de defensivos agrícolas, um marco que é exemplo para o mundo.

O MEIO AMBIENTE URBANO NO BRASIL: ABANDONO E POLUIÇÃO

É no campo que produzimos alimentos e energia, e é também no campo que conservamos nossas florestas e nossa biodiversidade. Nos campos do Brasil, as coisas vão muito bem em comparação aos países desenvolvidos, que têm poucas reservas de floresta original. Nos centros urbanos, entretanto, os brasileiros não podem se orgulhar da mesma maneira do ponto de vista ambiental. Isso porque, nas cidades brasileiras, os indicadores ambientais são muito piores do que na maior parte do mundo desenvolvido.

A causa desses problemas está, em certa medida, numa mudança de mentalidade. Até meados dos anos 1990, cuidar do meio ambiente era sinônimo de ações de limpeza e despoluição. Desde então, essas ações, de grande importância, passaram a ser ofuscadas por outras agendas, que jogaram todos os holofotes sobre o ambiente rural e silvestre no Brasil, e deixaram nas sombras as cidades, onde vivem 85% dos brasileiros. Levando-se em consideração essa concentração da população nas cidades, fica evidente que as questões da poluição do ar, da água e do solo, assim como a degradação e ausência de áreas verdes urbanas, são problemas ambientais da maior importância, e demandam soluções urgentes.

Até o início de 2019, o Brasil tinha nada menos que 100 milhões de brasileiros sem acesso a rede de esgoto. Isso significa dizer que todo o esgoto de metade da população brasileira era despejado diretamente no meio ambiente urbano, sem o tratamento adequado. O Marco do Saneamento, sancionado em 2020 pelo governo federal, foi o primeiro passo para começar a mudar essa realidade, mas ainda há muito trabalho a ser feito na despoluição de rios e outros corpos d'água no Brasil, assim como em toda a estruturação de estações de tratamento de esgoto do país.

Ainda no tema do saneamento básico, a falta de acesso à água potável também envergonha o Brasil diante do mundo desenvolvido. São 35 milhões de pessoas que sofrem com o problema, que causa doenças, onera o sistema de saúde e traz impactos severos para a mortalidade infantil.

Outro problema que assombra o meio ambiente urbano brasileiro são os chamados lixões, que nada mais são do que depósitos de lixo a céu aberto, sem nenhum tipo de acondicionamento ou tratamento ambientalmente adequado. No Brasil, até 2018, havia 3,2 mil lixões funcionando ilegalmente. Isso representa mais de um lixão para cada dois municípios brasileiros. O programa Lixão Zero, lançado pelo governo federal em 2019, ajudou a transformar essa realidade, encerrando mais de 800 lixões desde seu lançamento. Mas o desafio é de longo prazo, sobretudo quando levamos em conta todos os malefícios que esses ambientes irregulares causam ao meio ambiente e também à saúde humana.

O impacto negativo dos lixões mais fácil de compreender é a poluição do solo: como os lixões são espaços desprovidos de controle ou regulamentação, resíduos de baixa periculosidade, como o lixo doméstico, podem ser misturados a resíduos de alto poder de poluição, como é o caso do lixo hospitalar. O resultado são áreas contaminadas, cujo processo de limpeza e saneamento é caro e de alta complexidade. Além do solo, os lixões também contaminam águas subterrâneas próximas, por meio do chorume, afetando negativamente a qualidade e a disponibilidade da água potável que, como vimos, já é um problema grande por si só. Por fim, a contaminação dos lixões se alastra ao ar: a decomposição dos rejeitos orgânicos nesses ambientes libera gases tóxicos e poluentes.

Com toda essa contaminação, os riscos à saúde humana trazidos pelos lixões ficam evidentes, seja pela exposição indireta a todos esses efeitos da poluição, seja pela contaminação direta, como no caso dos trabalhadores que, depois de décadas de descaso com a estruturação racional das cadeias de coleta e reciclagem, acabam sendo atraídos para trabalhar diretamente nos próprios lixões. Além da saúde humana, perde também a própria biodiversidade, tanto pela contaminação por substâncias tóxicas quanto pela proliferação de pragas urbanas que encontram nos lixões um meio propício para sua sobrevivência. Em ambos os casos, há ainda a exposição às doenças espalhadas por vetores que infestam esse tipo de ambiente.

Colateralmente, temos ainda todos os impactos estéticos, que depreciam a beleza paisagística e prejudicam fortemente toda a cadeia de empregos do setor hoteleiro-turístico, bem como o desenvolvimento econômico do setor imobiliário em geral. Os custos se alastram também para a saúde pública, no tratamento das doenças associadas, e as complexas soluções de desativação e recuperação dessas áreas.

Muitos desses problemas sanitários resultam também de outros tipos de poluição: desde as doenças respiratórias causadas pela poluição do ar, passando pela perda da qualidade de vida causada pela degradação de praças e parques urbanos, até a contaminação por microplásticos do pescado na costa brasileira.

O PAPEL DO GOVERNO BRASILEIRO E OS INTERESSES INTERNACIONAIS

O que procuramos estabelecer aqui é uma comparação entre dois retratos. De um lado, o meio ambiente do interior do Brasil, onde prospera a sustentabilidade na produção de alimentos, na geração de energia e na preservação das florestas e da biodiversidade. Do outro lado, o meio ambiente nas cidades, onde crianças pobres vivem em meio a córregos contaminados por esgoto despejado sem tratamento, brasileiros e brasileiras perdem dignidade em lixões a céu aberto, oportunidades de investimento são perdidas em virtude de áreas contaminadas, o turismo é depreciado pelos problemas relativos ao lixo no mar e a qualidade de vida das pessoas é deixada de lado pela falta de planejamento na implementação e revitalização de praças e parques urbanos.

Se governar é fazer escolhas, cabe a qualquer gestor público perguntar, diante desse quadro comparativo: onde estão os problemas que trazem mais riscos ao bem-estar, à saúde e à vida dos brasileiros? Quantos brasileiros sofrem impactos negativos diretos em cada caso? Quais problemas podem ser resolvidos com mais facilidade e rapidez? Em qual dos dois cenários há problemas mais urgentes a serem resolvidos? Afinal, onde estão os desafios prioritários a serem enfrentados: nas cidades ou no campo? As respostas parecem óbvias, mas o histórico das políticas ambientais brasileiras, acima de tudo no âmbito federal, mostra uma tendência diferente do que seria o esperado.

Tradicionalmente, o Ministério do Meio Ambiente, órgão que elabora as políticas públicas a serem aplicadas por agentes públicos e privados de todo o país, fez vista grossa para os problemas ambientais nas cidades e focou seus holofotes apenas nas questões ambientais do campo. Nas cidades, as consequências já foram mencionadas acima: mais de 3 mil lixões se acumulando de Norte a Sul e metade da população brasileira sem acesso a tratamento de esgoto. Do outro lado da moeda, foram realizados acordos de cooperação que trouxeram vultosos recursos internacionais para o Brasil, muitas vezes para serem executados por organizações não governamentais (ONGs) que atuam no setor ambiental. Os resultados de todos esses investimentos, no entanto, não deixam ninguém mentir: desde 2012, o desmatamento só cresceu no Brasil.

Em parte, esse resultado vem da falta de critérios de gestão no uso desses recursos que, uma vez doados por outros países ao governo federal, tornam-se dinheiro público brasileiro, sujeito às mesmas regras de controle e transparência que qualquer outro recurso do governo.

De fato, muitos dos servidores públicos que ocupam as estruturas mais importantes do Estado brasileiro têm suas preferências e inclinações ideológicas. São pessoas assim que, ao longo das últimas décadas, tomaram as decisões nas mais importantes negociações travadas com outros países, raciocinando exclusivamente em termos de conceitos e teorias, sem levar em conta aspectos estratégicos que contribuem para o avanço comercial do Brasil no cenário mundial.

Para estrategistas estrangeiros, nada mais interessante que ter do lado de cá uma estrutura pronta para a sua ingerência, e lotada com um corpo burocrático que apenas compreende a discussão pelo seu valor nominal, através do prisma teórico-científico da agenda climática. O trabalho de negociação fica muito mais fácil. Aqui, há uma grande ironia: são essas mesmas pessoas, sem visão estratégica nas negociações internacionais, que acusam a direita de ser entreguista; na verdade, foram elas que ao longo dos anos cederam tanto para os países desenvolvidos sem pedir praticamente nada em troca. Aceitaram, por exemplo, criar unidades de conservação, que geraram uma dívida de bilhões de reais em desapropriações e indenizações, em troca de alguns milhões de dólares ou euros para executar projetos de baixa escala, que em grande parte das vezes ficavam apenas na fase de estudos e diagnósticos. Mais uma vez, revivemos a história de entregar o ouro em troca dos espelhos.

O próprio governo Bolsonaro mostra a falta de efetividade dessa visão ideológica para a proteção do meio ambiente. O governo deu grande relevância às questões urbanas, mas também fez muito pela proteção ambiental das florestas e biodiversidade: recompôs os quadros de fiscais, com mais de 700 contratações, num dos únicos concursos públicos realizados na gestão; dobrou o orçamento dos órgãos de fiscalização; investiu em viaturas, barcos, aviões e helicópteros; fez parcerias internacionais para monitoramento de incêndios florestais; contratou novos sistemas de monitoramento via satélite; elaborou planos de combate ao desmatamento, levando em conta os mais de 20 milhões de brasileiros que vivem na Amazônia; criou soluções inovadoras de pagamento por serviços ambientais e concessão de parques nacionais, para monetizar e tornar atrativos os investimentos na proteção das florestas; enfim, a lista vai longe.

Por outro lado, houve uma ruptura. O governo mudou de atitude nas negociações internacionais, exercendo o papel de cobrar dos países desenvolvidos o que eles devem aos países em desenvolvimento: os recursos pela fauna e flora que preservamos no ambiente rural e silvestre. Essa dívida, que já passa das centenas de bilhões de dólares, é fruto de tratativas internacionais como o Acordo de Paris – mas nunca foi paga.

O governo foi firme na gestão do dinheiro recebido por meio de doações internacionais, cobrando prestação de contas, metas, prazos, atribuições etc. de qualquer órgão responsável pela execução dos recursos. Por fim, o governo convidou para os planos de trabalho não somente ONGs, mas também empresas privadas, prestadoras de serviço, acostumadas a realizar um trabalho orientado a resultados.

O efeito de toda essa dedicação todo o mundo acompanhou bem nos últimos anos: foi o governo mais atacado da história recente na pauta ambiental. Isso mostra que não adianta tomar atitudes concretas para proteger o meio ambiente. Muitas vezes, as partes envolvidas, sejam elas brasileiras ou estrangeiras, estão interessadas mesmo numa postura mais demagógica nas negociações internacionais e em regras menos estritas para a aplicação dos recursos recebidos.

A AGENDA CLIMÁTICA: INDÚSTRIA, ESTRATÉGIA E IDEOLOGIA

Antes de categorizar os grupos de interesse a que pertencem esses agentes que mencionamos, é necessário apontar a origem dessa grande inversão de valores. De um lado, os grandes problemas ambientais urbanos passaram a ser negligenciados; de outro, todo e qualquer problema no meio ambiente rural virou objeto de estudo debaixo da luz do microscópio.

A explicação está em grande parte na chamada "agenda climática". É nessa área que está a maior parte dos recursos, seja para viagens e reuniões internacionais, seja para a execução de projetos que, como vimos, falharam redondamente em seu principal objetivo: reduzir ou interromper o desmatamento ilegal na Amazônia e demais biomas brasileiros. A questão do meio ambiente urbano, como dissemos, foi sendo escanteada, perdendo a conexão com a própria pauta ambiental como um todo e, consequentemente, recebendo cada vez menos recursos de toda parte.

Neste ponto, é fundamental frisar mais um paradoxo nessa história: o Brasil é um país de industrialização tardia, que contribuiu muito pouco para o acúmulo dos gases de efeito estufa na atmosfera e, portanto, é muito pouco relevante para os problemas climáticos globais que em geral são alegados. Ainda que, para efeitos de cálculo prático, não se considere todo o histórico de estoque desses gases armazenados na atmosfera ao longo dos séculos, e sim apenas uma fotografia instantânea do fluxo de emissões no momento atual, e o Brasil é um anão das emissões, com menos de 3% das contribuições globais. Desse total, 1,5% vêm de setores industriais, energéticos, urbanos, de infraestrutura etc., e 1,5% vêm de atividades relacionadas ao uso do solo, o que engloba as questões do meio ambiente rural. O paradoxo tem explicação: se o foco da discussão for a fumaça preta dos combustíveis fósseis, o Brasil não deve quase nada na contabilidade geral, e os países desenvolvidos devem muito. Por outro lado, se a discussão passa a ser o desmatamento, o Brasil é um dos poucos países que ainda tem floresta para preservar, e pode ser feito de bode expiatório. Ainda que, ironicamente, os países desenvolvidos já tenham consumido quase todas as suas florestas originais há muito tempo.

Domesticamente, todo esse montante de recursos, viagens e prestígio explica muito desse foco quase exclusivo na agenda climática, que se tornou uma verdadeira indústria de relatórios, diagnósticos, consultorias e propaganda. Do ponto de vista internacional, entretanto, a explicação é um pouco mais complexa, e merece uma distinção entre pelo menos três grandes grupos.

Além do interesse no glamour climático, há também interesses comerciais inconfessos por parte de setores mais estratégicos dos governos estrangeiros. Nessa ponta, o objetivo tem menos a ver com as consequências climáticas, e mais a ver com o uso do solo em si. No caso do Brasil, o uso inteligente do solo e de outros recursos naturais, a tecnologia de ponta aplicada à produção e a alta competitividade dos preços brasileiros culminaram numa das experiências de maior sucesso da história da agropecuária mundial. Todo esse sucesso incomoda a concorrência estrangeira, que não consegue competir em pé de igualdade e acaba recorrendo a pautas ambientais como mero pretexto, numa tentativa desesperada de impor barreiras comerciais à produção brasileira, a fim de elevar custos e preços do lado de cá, e assim proteger comercialmente seu próprio produto. É nesse contexto que testemunhamos estratégias como a do "Farms Here, Forests There", documento que traça uma relação explícita entre a proteção de florestas tropicais e os benefícios resultantes dessa proteção para o agronegócio americano.

Por fim, entre aqueles que vivem da indústria dos recursos climáticos e aqueles que trabalham por agendas comerciais protecionistas, existe um enorme contingente de indivíduos com objetivos puramente ideológicos, constituídos de temas estritamente ambientais, tais como clima, biodiversidade, espécies em extinção, destruição da camada de ozônio etc., assim como, muitas vezes, conectados ao ideário esquerdista mais tradicional, o que gera agendas mistas, como a do "ecossocialismo", entre outras vertentes teóricas. Embora sejam bastante combativos e façam barulho, muitas vezes acabam servindo como massa de manobra dos demais grupos, em vista de serem mais numerosos e menos organizados. Infelizmente, é justamente esse o perfil de muitos membros do Estado brasileiro, que por vezes se sentam às mesas de negociação internacionais.

CLIMA, CULTURA E COSTUMES

Da mesma maneira que a pauta ambiental se tornou um pretexto para políticas protecionistas de comércio exterior, ela também foi instrumentalizada para justificar outras bandeiras de diversos movimentos ideológicos. Em ambos os casos, essas políticas e bandeiras têm mais a ver com a defesa de interesses escondidos e menos a ver com a proteção do meio ambiente propriamente dita.

Dentre todos os subtemas relacionados ao meio ambiente, foi a agenda climática, em especial, que se destacou como o guarda-chuva mais acolhedor das mais diversas pautas de esquerda. De fato, ela provou ser um instrumento valioso nas mãos de políticos e ideólogos para implementar seus planos de ação.

O grande objetivo do controle social, tema caro às esquerdas de toda a história, passou a ser justificado pelo "aquecimento global", que em pouco tempo se tornou "emergência climática". Hoje, esse controle é implementado principalmente por meio do Estado, instrumento de preferência da esquerda tradicional, com leis e regulações que vão aos poucos estrangulando a livre iniciativa e muitas liberdades individuais.

No entanto, é preciso reconhecer o avanço estratégico dessa instrumentalização também no setor privado. As pautas de ESG ganham terreno no mundo corporativo tanto pelos ganhos reputacionais percebidos pelo empresariado quanto pela sobrevivência competitiva num mundo com cada vez mais regulações – regulações essas que muitas vezes podem ser fruto de *lobby* de grandes competidores para sufocar a concorrência.

Mais do que tudo, cabe falar aqui do avanço que essas pautas tiveram sobre a cultura e a moral, trazendo impactos às decisões individuais e cotidianas das pessoas.

Foi na área da alimentação que as campanhas de redução de metano vilanizaram a pecuária. Ações de *marketing* sem identidade, importadas de países desenvolvidos, como a da "segunda sem carne", penetraram o mundo da publicidade também no Brasil, desincentivando o consumo de proteína animal. Ao mesmo tempo, a pauta da substituição dessa proteína por proteínas alternativas ganha cada vez mais adesão em veículos internacionais. É importante destacar que tais campanhas raramente levam em consideração a importância de proteínas de origem animal para certos grupos populacionais e a necessidade da pecuária para muitas economias locais. Antes de promover esse tipo de iniciativa, seria crucial levantar estudos sobre seus efeitos para a diversidade nutricional e as implicações socioeconômicas para produtores rurais e comunidades que dependem da pecuária, além de se comprovar a efetividade dessas medidas na mitigação de gases de efeito estufa.

O direito de ir e vir, pilar das democracias liberais, muitas das quais hoje se alinham com essa instrumentalização climática, também foi relativizado. A locomoção motorizada passou a ser vilanizada, e a inclusão de taxas opcionais ou embutidas para mitigação de pegadas de carbono passou a fazer parte do cotidiano de milhões de brasileiros, seja na hora de comprar uma passagem de avião ou de pedir uma pizza. Motores elétricos, defendidos pelos países mais avançados nesse tipo de tecnologia, continuam distantes das camadas mais pobres da população, e trazem também seus problemas, como o descarte inadequado de baterias ou a dependência de mineração de terras raras.

SOLUÇÕES AMBIENTAIS, O ESG E O PAPEL DO SETOR PRIVADO

Três letras mudaram o debate ambiental nos anos recentes: ESG (sigla em inglês para *environmental, social, governance*). A pauta "ambiental, social e governança" acabou levando para dentro das empresas uma discussão que antes predominava em ambientes governamentais e do terceiro setor. Embora muitos acusem o ESG de ser uma forma de *greenwashing*, ou seja, de tentar aplicar um verniz de amigo do meio ambiente para empresas que são responsáveis por ações de grande impacto ambiental, a mudança serviu para trazer à luz alguns pontos que estavam escondidos. Em primeiro lugar, a ineficiência do setor público, no Brasil e no mundo, em resolver os problemas ambientais da agenda climática. Em segundo lugar, que os problemas dessa agenda envolvem transformações muito grandes; portanto, se as ambições não forem pensadas de maneira racional, a conta simplesmente não fecha. Por fim, permitiu entender que quem paga essa conta é o cidadão comum, pelo aumento no preço da energia, pela substituição tecnológica, pela mudança de hábitos de consumo que pode reduzir sua qualidade de vida, e assim por diante.

Por outro lado, o setor privado tem muito a contribuir com a proteção do meio ambiente. O governo Bolsonaro abriu importantes caminhos para atrair investimentos para o setor e transformar a conservação das florestas num negócio que dê retorno aos investidores.

É essa a lógica do programa Floresta+, lançado em 2020. O programa racionalizou o pagamento a produtores rurais pelas atividades de cuidar de floresta nativa em suas propriedades. As empresas que pagam por esses serviços podem ter um retorno reputacional que agrega valor às suas marcas, sobretudo do ponto de vista de um mercado consumidor de alto poder aquisitivo.

Mais importante ainda foi o lançamento de uma nova agenda de concessão de parques nacionais. Dos mais de 350 parques federais, apenas sete eram operados por empresas especializadas em serviços turísticos até 2019, com bilheteria, estrutura de visitação, segurança e logística. O governo Bolsonaro expandiu essa lista para 25 parques, muitos deles com leilão já concluído, num modelo que dá mais liberdade ao empreendedor ao mesmo tempo que garante incentivos econômicos para a proteção do meio ambiente.

Entre todas as iniciativas que atraíram o setor privado para cuidar do meio ambiente, o grande destaque foi para os problemas ambientais nas cidades. O Marco do Saneamento destravou a concorrência no setor de tratamento de água e esgoto e atraiu empresas privadas que já ultrapassaram R$ 100 bilhões em investimentos contratados, valor dezenas de vezes maior que o orçamento público historicamente investido na área.

A transformação do lixo em energia, antes alvo de todo tipo de burocracia, também foi destravada por esse governo, e novas usinas já começaram a surgir, com investimentos igualmente robustos.

Todas essas transformações demonstram que, no meio ambiente, assim como nas mais diversas áreas do desenvolvimento econômico, as soluções mais eficazes estão no setor privado, na livre iniciativa e na criatividade do empreendedorismo.

SAÚDE, CULTURA E SOCIEDADE

Hélio Angotti Neto

Médico oftalmologista com doutorado em Ciências Médicas pela USP. Professor e coordenador de curso de Medicina. Autor de diversos livros nas áreas de Bioética, Filosofia, Medicina, Crítica Cultural e Oftalmologia.

SAÚDE, CULTURA E SOCIEDADE

Juro por Apolo médico, Asclépio, Hígia, Panaceia e todos os deuses e deusas, e os tomo por testemunhas que, conforme minha capacidade e discernimento, cumprirei este juramento e compromisso escrito: considerar igual a meus pais aquele que me ensinou esta arte, compartilhar com ele meus recursos e se necessário prover o que lhe faltar; considerar seus filhos meus irmãos, e aos do sexo masculino ensinarei esta arte sem remuneração ou compromisso escrito, se desejarem aprendê-la; compartilhar os preceitos, ensinamentos orais e todas as demais instruções com os meus filhos, os filhos daquele que me ensinou, os discípulos que assumiram compromisso por escrito e prestaram juramento conforme a lei médica, e com ninguém mais; utilizarei a dieta para benefício dos que sofrem, conforme minha capacidade e discernimento, e além disso repelirei o mal e a injustiça; não darei, a quem pedir, nenhuma droga mortal, nem recomendarei essa decisão; do mesmo modo, não darei a mulher alguma pessário para abortar; com pureza e santidade conservarei minha vida e minha arte; não operarei ninguém que tenha a doença da pedra, mas cederei o lugar aos homens que fazem essa prática; em quantas casas eu entrar, entrarei para benefício dos que sofrem, evitando toda injustiça voluntária e outra forma de corrupção, e também atos libidinosos no corpo de mulheres e homens, livres ou escravos; o que vir e ouvir, durante o tratamento, sobre a vida dos homens, sem relação com o tratamento, e que não for necessário divulgar, calarei, considerando tais coisas segredo. Se cumprir e não violar este juramento, que eu possa desfrutar minha vida e minha arte afamado junto a todos os homens, para sempre; mas se eu o transgredir e não o cumprir, que o contrário aconteça.

— Hipócrates de Cós (460 a.C.-377 a.C.)

A GUERRA CULTURAL NA SAÚDE

Há quem, externo às discussões que correm diariamente na área da saúde, estranhe o fato de se falar de uma Guerra Cultural em um campo teoricamente tão técnico quanto a saúde. Erram muito. Nada poderia ser mais equivocado do que ignorar o elemento cultural que afeta profundamente as ciências e a prática da saúde, e como estas afetam profundamente a nossa cultura e o nosso comportamento.

No presente texto, abordo a importância dos elementos culturais que afetam a saúde e as ciências da saúde para, em seguida, verificar como a saúde impacta a sociedade e define seus rumos em diversas situações. Por fim, trato de como esses elementos são hoje manipulados para provocar efeitos ideológicos na sociedade e o que poderia ser feito para anular tal ação deletéria e restituir uma saúde culturalmente benéfica para a vida humana.

Antes de prosseguir, importa elucidar alguns elementos implícitos no título. Se a abordagem fala de uma guerra, pressupõem-se duas ou mais visões do que seria a saúde. Logo, há sim cosmovisões em conflito que se manifestam também no campo da saúde. *Grosso modo*, eu definiria como um dos lados desse conflito a visão hipocrática e previamente hegemônica da saúde, que combate há milênios uma visão utilitarista, que hoje se encontra em franca ascensão. A visão hipocrática tradicional é caracterizada pelo aspecto transcendental, fundado na vida humana e caracteristicamente beneficente. A visão utilitarista é caracterizada pelo aspecto imanente, fundada no hedonismo e tipicamente centrada na autonomia.[1] Tais definições são generalizações e, obviamente, guardam incontáveis nuances. Contudo, agrupam de forma eficaz as principais tendências observadas na Guerra Cultural que perdura há mais de 2 mil anos no campo da saúde.

Nessa guerra, há momentos e locais de predominância de uma determinada visão ou outra, com todo o impacto dessa hegemonia sobre a vida e a cultura. Os exemplos históricos do que ambas as visões podem causar são inúmeros.

Ao terem se entregado à perspectiva utilitarista, submetendo o valor da vida humana a outros elementos, a medicina e a saúde de forma geral passaram por momentos trágicos, como se observa durante o horror nazista, no qual judeus, escravos e prisioneiros de guerra foram completamente desumanizados por meio de pesquisas criminosas.[2] No regime comunista, ao submeter a vida humana ao bem da revolução, um processo de degradação moral intenso também ocorreu, levando ao encarceramento político e à tortura de dissidentes do regime, muitas vezes sob a desculpa de tratar da saúde mental dos opositores, pois como o próprio Kruschev diria:

> Um crime é um desvio dos padrões gerais reconhecidos de comportamento, causado muitas vezes por problemas mentais. É possível que existam doenças, problemas mentais, entre certas pessoas da sociedade comunista? É evidente que sim. Se é assim,

---

[1] *Darwinismo Moral: Como nos Tornamos Hedonistas*, Benjamin Wiker, Paulus, 2011.

[2] *When Medicine Went Mad: Bioethics and the Holocaust*, Arthur Caplan, Humana Press, 1999; *Disbioética Volume II: Novas Reflexões sobre os Rumos de uma Estranha Ética*, Hélio Angotti Neto, Editora Monergismo, 2018.

> logo existirão ofensas características da pessoa com mente anormal... Para aqueles que comecem a erigir oposição ao comunismo de tal forma, nós podemos dizer com clareza que (...) seu estado mental não é normal.[3]

Os horrores vividos no campo de Pitesti, por exemplo, levaram à completa fragmentação da mente e do espírito dos jovens prisioneiros, que se tornavam eles mesmos torturadores após serem submetidos a torturas intensamente cruéis e ao que se denominava reeducação. A imagem do ser humano foi degradada e sua dignidade, profundamente ofendida.[4] É impossível que tal degradação da dignidade humana não alcance a saúde, e que a deturpação da saúde não impacte a visão que a sociedade tem da dignidade humana.

A VISÃO HIPOCRÁTICA

Há muitas concepções acerca do que seria a medicina hipocrática, boa parte delas extremamente errôneas.

Muitos tenderiam a pensar que a medicina hipocrática seria o modelo primordial ou hegemônico de medicina de um passado distante. É preciso compreender que na Antiguidade imperava um clima bem próximo ao que hoje provavelmente chamaríamos de pluralismo moral e cultural. Médicos poderiam cultuar diferentes divindades e princípios e poderiam matar – por aborto, suicídio assistido ou eutanásia – ou envenenar por dinheiro, por exemplo.

Até mesmo entre filósofos próximos temporal e espiritualmente havia discordâncias importantes sobre questões ligadas à vida e à moralidade.

---

[3] *Mental Health Policy and Practice Across Europe: The Future Direction of Mental Health Care*, Martin Knapp *et al.*, Open University Press, 2007.

[4] *O Fenômeno Pitesti*, Virgil Ierunca, Vide Editorial, 2022.

Platão, Aristóteles e os filósofos estoicos, por exemplo, discordavam em relação à moralidade do suicídio.

O fato é que a medicina hipocrática destoou muito do que se fazia à época.

Alguns historiadores importantes da medicina, como Ludwig Edelstein, sugerem uma influência ideológica forte no meio médico que depois ficou conhecida como hipocrático. Segundo Edelstein, os pitagóricos eram precursores de alguns valores prezados e defendidos pelos hipocráticos, como a defesa da vida humana com base na concepção de que cada ser humano guardava em si uma fagulha de divindade, um elemento de imortalidade e dignidade que o colocava acima do restante do mundo natural.[5]

No Juramento de Hipócrates, um dos mais lembrados e breves textos clássicos da humanidade, há elementos que claramente mostram um patamar moral diferenciado.[6]

A evocação dos deuses, para começar a enumerar tais elementos, acrescenta perspectivas transcendentais e arquetípicas a uma ocupação que mais tarde, na Roma Antiga, recebeu a classificação de profissão por Escribônio Largo justamente por professar valores.[7]

O respeito semelhante dedicado a homens e mulheres, livres ou escravos, em uma sociedade profundamente machista e escravocrata é algo que impressiona qualquer um que se detenha tempo suficiente para compreender exatamente o que está lendo.

A defesa inegável da vida humana, proibindo o profissional de até mesmo aconselhar acerca de como entregar a morte, é outro exemplo importante da visão que se defendia do ser humano como um ente digno cuja vida deveria ser protegida.

---

5 *Ancient Medicine*, Ludwig Edelstein, Baltimore & London: The Johns Hopkins University Press, 1987.

6 *A Tradição da Medicina*, Hélio Angotti Neto, Academia Monergista, 2016.

7 *Humanism and Ethics in Roman Medicine: Translation and Commentary on a Text of Scribonius Largus. Literature and Medicine*, Edmund D. Pellegrino e Alice A. Pellegrino, Vol. 7, pp. 22-38, 1988.

Há diversas perspectivas presentes no Juramento que mostram claramente o compromisso existencial e moral da profissão médica dentro da cosmovisão que se tornou predominante dali em diante.

A presença da visão transcendental do homem, a defesa de sua vida, a percepção da dignidade universal dessa mesma vida e o empenho pessoal em busca da excelência para entregar um serviço qualificado garantiram não somente a absorção da medicina hipocrática pela cultura judaica e cristã como também seu ingresso no mundo oriental e no mundo islâmico, posteriormente.

Em todas as vezes nas quais a medicina se distanciou da moralidade hipocrática, a tragédia sobreveio ao custo de muitas vidas humanas degradadas pelos mais cruéis experimentos e torturas, destruindo a credibilidade profissional e desviando o caminho da medicina para outras prioridades que não a vida humana.[8]

Pois em todas as ocasiões em que a vida humana deixou de ser a prioridade, e elementos como o conhecimento abstrato, uma raça, um ideal político, o interesse financeiro ou uma classe social se tornaram prioridade, houve um horrível custo a ser pago em sangue, sofrimento e morte.

Apesar de todas as duras lições do passado, os desvios culturais continuam ocorrendo, e hoje enfrentamos um ataque intenso contra os valores e a cultura que fundamentaram a saúde e a prática da medicina que, por séculos, levou cura, alívio e consolo aos povos de toda a Terra.

A VISÃO UTILITARISTA

Quando o ser humano deixa de ter reconhecido seu lado transcendental, resta-lhe somente o imanente, o mundo da matéria. Toda manifestação cultural, espiritual, psicológica e emocional nada mais é do que uma estrutura superficial decorrente de fenômenos materiais subjacentes,

---

8   *Op. cit.*, Hélio Angotti Neto.

uma superestrutura destituída de valor inerente. Isso tudo é o reflexo de uma evolução lenta, cega e aleatória de "genes egoístas".[9]

Toda dignidade atribuída ao ser humano não passa de um despropósito introjetado em nossa cultura por meio de processos biológicos cegos e indiferentes à possível existência ou não de algo realmente valioso ou digno no ser humano. Tudo é uma coincidência fortuita que convenientemente entendemos ser adequada ao presente estado de nossa cega evolução.

Destituídos de valores reais, somos como máquinas em busca de um sentimento e de uma satisfação que, por si mesmo, também não passa de uma ilusão conveniente. Tudo é uma grande farsa, e o ser humano, assim como toda a criação, é um acidente, por mais complexo que seja. Até mesmo maravilhar-se diante da complexidade da natureza e do ser humano é um sentimento inexplicável em termos objetivos.[10]

Não há nada de realmente belo, verdadeiro, justo ou bom na realidade. Tudo é acidente, tudo é pura ilusão aleatória que culturalmente entendemos ser bom por ter sido conveniente à maior permanência temporal de nossos genes na biosfera.

Alguns podem tentar explicar a vida e a realidade como belas fantasias, mas por que falar de algo belo se nada há além da matéria fria e impessoal que subjaz a toda carapaça de engano e ilusão que caracteriza a vida humana? Se o processo cego de evolução nos deu um cérebro capaz de pensar a dura ironia de nossa situação, como não reconhecer o estado de absoluto esvaziamento de propósito e sentido que está implícito em uma visão materialista ou imanentista? Aliás, não seria nossa racionalidade também um mero acidente sem nenhuma garantia de veracidade, o que, por si só, é um agradável engodo ao amontoado celular chamado homem?

> A ironia, já se vê, é que cada materialista (...) acredita estar, de algum modo, acima do processo material que determina os

---

9 *O Gene Egoísta*, Richard Dawkins, Companhia das Letras, 2017.
10 Veja a crítica de Clive Staple Lewis em *A Abolição do Homem*, Martins Fontes, 2005.

esforços intelectuais de todos os outros e que a descoberta e a aplicação de princípios materialistas estão ambos, de alguma forma, isentos do processo.[11]

Diante desse cenário niilista, não é de se admirar que horrores venham à tona, cedo ou tarde. Os maiores crimes contra a vida humana nascem dessa falta de visão de sentido. Ademais, considerando a visão imanentista e inevitavelmente niilista, nem cabe chamar de horror coisas como o extermínio, a tortura e as mais diversas formas de instrumentalização do ser humano. Que alguns ainda argumentem a favor da utilidade e do prazer não passa de um curioso capricho do caos reinante.

Se não há verdadeiros elementos transcendentais valorativos, não há base ontológica nenhuma para nada, tampouco para leis humanas. O alerta de Mário Ferreira dos Santos deve ser lembrado:

> Os instintos bárbaros dos homens ameaçam soltar-se totalmente e, quando soltos, a sua fúria leva à destruição total. (...) Uma humanidade sem leis destruiria toda a cultura e, se não for contida, terminará por destruir a si mesma.[12]

Diante da falta de sentido na realidade e da aceitação de que o homem nada mais é do que um tipo de máquina aleatoriamente organizada, "(...) seria tolice culpar os homens pelo seu comportamento ou sentir-se culpado pelo próprio comportamento".[13] Uma constatação ecoada nos dizeres de Dostoiévski: "Se não há Deus, tudo é permitido".

De forma consciente ou não, qualquer um que ataque a cultura hipocrática de defesa da sacralidade da vida humana está fortalecendo essa deprimente e catastrófica cosmovisão imanentista e utilitarista.

---

11 *Op. cit.*, Benjamin Wiker, p. 271.
12 *Invasão Vertical dos Bárbaros*, Mário Ferreira dos Santos, É Realizações, p. 37, 2012.
13 *The Death of Humanity and the Case for Life*, Richard Weikart, Regnery Faith, 2016.

A CULTURA AFETA A SAÚDE

A saúde inevitavelmente sofre influxos culturais importantes em nossa sociedade. Os milhões de profissionais da saúde que se espalham por todo o mundo, incluindo médicos, enfermeiros, fisioterapeutas, educadores físicos e psicólogos, entre outros tantos, estão igualmente submetidos ao bombardeio da propaganda e da militância ideológica nas universidades.

A cosmovisão utilitarista anti-hipocrática infesta editoriais de periódicos acadêmicos e livros na bioética. Hostes de novos profissionais foram intensivamente levados a acreditar nas agendas que menosprezam a sacralidade da vida humana: legalização do aborto, eutanásia e suicídio assistido. Tudo é relativizado, menos o sacrossanto e incoerente direito de obter prazer e locupletar-se em meio ao mundo de caos.

É patente o forte discurso imanentista que predomina nas salas de aula e nos cursos de mestrado e doutorado, que proverão professores destinados a moldar a cabeça das atuais e futuras elites governantes. Que essa elite se mostre degenerada e completamente relativista em termos morais não deveria ser surpresa para ninguém a esta altura do campeonato.

Se a vida humana é sagrada, é realmente prioridade salvar a vida, atuar em caso de emergência sem submeter o bem do paciente à disponibilidade imediata de recursos financeiros e agir de forma compassiva, leal, íntegra e corajosa no contexto de amizade. Se a vida humana nada tem de sagrado, não somente o aborto, a eutanásia e o suicídio assistido são possíveis, mas tudo não passa de um mero acordo conveniente e sem sentido no qual médico e paciente concordam em fazer algo também sem sentido, mas que lhes transmite uma inexplicável e realmente inexistente e, portanto, falsa sensação de satisfação.

A cosmovisão predominante irá influenciar ações praticadas dentro do consultório e dos hospitais, irá determinar como será estabelecida a relação médico-paciente e irá impactar sobre a formulação e a execução de políticas públicas em saúde.

A SAÚDE AFETA E DEFINE A CULTURA E A SOCIEDADE

Se a saúde sofre poderoso influxo da cultura predominante, é importante reconhecer também que há um mecanismo de retroalimentação positiva envolvido, pois a saúde envolve questões profundamente impactantes sobre o ser humano, como a vida, a morte, a doença e o bem-estar. São assuntos diretamente entremeados com a visão antropológica que se tem ou, em outras palavras, que tocam diretamente na imagem que fazemos do que é ser humano e, portanto, na própria definição do que somos e do que podemos e devemos fazer na realidade. Dessa forma, a saúde também age sobre a cultura, determinando-a em diversos pontos.

A ação de pessoas engajadas em conflitos culturais no campo da saúde tem uma enorme força de influência na sociedade, pois utiliza alguns dos mais fortes elementos determinantes da ação humana: o medo da morte, o medo da doença e o medo do desconhecido.

Talvez o maior experimento social da história da humanidade tenha ocorrido entre 2020 e 2022, durante a pandemia causada pelo novo coronavírus. Em nome da saúde, incontáveis direitos humanos foram obliterados. Perdeu-se o direito à privacidade, ao discurso, à liberdade e até mesmo o direito de pensar.

Prevaleceu a cultura do totalitarismo sanitário, esmagando o indivíduo perante pretensões coletivistas por meio da enorme concentração de poder no Estado, uma fórmula perigosa que, de regra, sempre terminou em desgraça.

A quebra sistemática de sigilos, o policiamento do pensamento, a supressão e a censura descarada e imoral de qualquer um que falasse contra o consenso "científico" – que nunca passou de um falso consenso criado por uma elite corrupta de burocratas, megaempresários globalistas, políticos e agentes de imprensa vendidos ao esquema de poder predominante – e as inúmeras punições e restrições contra aqueles que não obedecessem de forma cega aos mandos e desmandos, que nada tinham de realmente científico, promoveram uma cultura de medo, obediência às autoridades e subserviência abjeta a narrativas imbecilizantes.

A prática da saúde, que em tese deveria cuidar do bem do ser humano, serviu como desculpa para o mais descabido e irracional crescimento do autoritarismo na história recente.

A MANIPULAÇÃO CULTURAL DA SAÚDE

Ao se tomar ciência de como a cultura e a saúde influenciam a sociedade e se retroalimentam, cabe questionar, por fim, quais são os instrumentos de manipulação social e psicológica que influenciam e direcionam os esforços em busca da saúde.

Não há nada de muito surpreendente na psicologia de massas aplicada à saúde que já não se tenha visto ou estudado em diversas obras e contextos. Um bom resumo dessas técnicas pode ser encontrado na obra *Maquiavel Pedagogo*, de Pascal Bernardin.

Um dos estudos mais lembrados quando se fala de manipulação psicológica é o de Stanley Milgram, no qual uma pessoa é levada a aplicar choques em outra conforme ela errasse algumas perguntas feitas, tudo sob a supervisão de um pesquisador vestido com jaleco. Quem recebia o choque e o pesquisador, vestido de jaleco e representando a autoridade científica, eram artistas que simulavam a situação. O sujeito da pesquisa era, na verdade, o voluntário que fazia perguntas e aplicava o choque. O objetivo era verificar se essas pessoas teriam coragem de seguir ordens imorais, infligindo tortura e até mesmo o risco de morte sobre outro ser humano. O resultado foi assustador: a maioria dos indivíduos, esclarecidos e cidadãos de um país democrático, aplicariam até mesmo as mais altas descargas de choque. A motivação era a figura de autoridade do pesquisador assegurando que era necessário continuar o protocolo de pesquisa e que tudo estava planejado. O assustador experimento de Stanley Milgram mostrou a forte tendência do ser humano em se submeter às autoridades, e explica em parte a tragédia do holocausto nazista e o porquê de muitos dos monstros que praticaram atos terríveis nos campos de concentração terem se desculpado dizendo que estavam apenas "cumprindo ordens".[14]

Durante a pandemia, foi possível observar a força da autoridade ao lidar com questões ligadas diretamente ao medo e à sobrevivência. Um vírus potencialmente letal e desconhecido junto a uma pandemia trouxe o medo generalizado. Com base nesse medo, as autoridades agarraram a oportunidade e prontamente agiram.

Com base no que afirmavam ser a ciência e arrogando o monopólio do anúncio profético dessa ciência por meio da voz de especialistas alimentados com polpudas verbas de laboratórios farmacêuticos e espaço na imprensa de grande impacto nas massas, as autoridades implementaram restrições extremas à mobilidade – os famigerados *lockdowns* – e preconizaram o uso disseminado de máscaras, só para citar alguns breves exemplos. Ambas as medidas desguarnecidas de amparo científico real.

Ainda hoje, em 2023, quando alguns órgãos de imprensa falam sobre a questão das máscaras, por exemplo, afirmam que especialistas asseguram sua importância, contrariando os achados de uma meta-análise produzida pela Cochrane, o que se tem de mais elevado em nível de evidências científicas na atualidade.[15]

O impacto do bombardeio autoritário sobre a população, feito pelos especialistas que reproduziam o que deveria ser a "voz da ciência", foi tão intenso que ainda hoje é possível ver algumas pessoas sozinhas dentro do carro dirigindo de máscara, ou utilizando máscaras ao correrem sozinhas em parques.

Em relação ao *lockdown*, a conduta de isolar pessoas saudáveis por meses, fechar comércios e impedir a compra de produtos considerados não essenciais gerou desemprego, pobreza e graves transtornos na saúde mental da população do mundo inteiro. Muitos cientistas renomados, inclusive, atacaram essa ideia absurda, buscando opções menos radicais

---

14 *Obedience to Authority*, Stanley Milgram, Harp Perennial, 2017.

15 "Physical interventions to interrupt or reduce the spread of respiratory viruses", T. Jefferson *et al.*, *Cochrane Database of Systematic Reviews*, Vol. 1 (CD006207), 2023. DOI: 10.1002/14651858.CD006207.pub6.

e já conhecidas como o isolamento de sintomáticos e pacientes diagnosticados, mas foram ignorados pela tecnocracia, que já decidira exercer sua autoridade e tinha a narrativa para isso.

Como foi possível trancar pessoas em suas casas e, contra toda a lógica, agredir o direito de ir e vir e até mesmo de trabalhar (direito fundamental previsto na Constituição), obrigando-as a utilizar máscaras mesmo nas mais excêntricas situações?

O mau uso da autoridade fez isso.

A imagem de autoridade do profissional médico está no imaginário de nossa civilização há milênios, desde o tempo em que médicos eram consultados pelos cidadãos na ágora para deliberar questões de saúde pública na Grécia Antiga até os dias atuais, em que médicos constituem uma douta classe que deve ser ouvida em questões que tratam da vida e da morte. Essa autoridade se reveste de aspecto carismático, na figura de Hipócrates, e de aspecto tradicional e sacerdotal ao longo dos séculos, endossada pela defesa de valores morais elevados que permeiam o cuidado com o próximo que se encontra fragilizado, fundamentando assim a primordial relação médico-paciente.

Aproveitando-se dessa imagem profissional de autoridade, do medo que a morte traz para quase todos e da credibilidade que o nome "ciência" transmite, ordens foram dadas. E a população obedeceu aos especialistas de televisão, que contaram com o apoio das autoridades de segurança pública, muitas vezes flagradas em cenas de violência física e moral no combate a crimes horrorosos como, por exemplo, alguém ousar ir à praia com sua filha, manter aberto o negócio que sustenta sua família ou sentar-se de dia no banco da praça ao ar livre. Afinal de contas, essas autoridades que algemaram, apontaram fuzis e oprimiram esses "perigosos" criminosos, estavam somente seguindo ordens, não é mesmo?

Ordens essas assinadas por burocratas e profissionais da saúde ideologicamente comprometidos. Para os burocratas que se dispuseram a jogar o jogo sujo da política rasteira, utilizando-se da crise para mover um projeto de poder contra o governo instalado, em vez de ajudar o Brasil de fato, foi muito fácil promover atos imorais, pois

> (...) é psicologicamente fácil ignorar a responsabilidade [pelos seus atos] quando se é somente um elo intermediário em uma ação maligna, mas se está distante das consequências finais da ação. Até mesmo [o nazista] Eichmann passou mal quando visitou os campos de concentração, mas para participar do ato de assassinato em massa ele precisava somente sentar-se à sua escrivaninha e trabalhar com papelada. Ao mesmo tempo que o soldado no campo que de fato derramava Cyclon-B nas câmaras de gás podia justificar seu comportamento ao afirmar que estava somente obedecendo ordens vindas "de cima". Logo, havia uma fragmentação do ato humano total; ninguém que decidia levar adiante o ato de crueldade era confrontado de fato com as suas consequências. A pessoa que assumiria total responsabilidade evaporara. Talvez seja essa a característica mais comum da maldade instalada na sociedade moderna.[16]

Outras técnicas que foram utilizadas, em plena consciência ou não, durante a pandemia, fortaleceram o mecanismo de obediência a uma autoridade imoral e tirânica e incluíram a espiral do silêncio,[17] que levava vozes dissonantes a se calarem por medo do ridículo causado por inúmeros ataques e tentativas de assassinato de reputação.

Um instrumento político utilizado para afastar as vozes dissonantes foi, por exemplo, a Comissão de Inquérito Parlamentar (CPI) da

---

16 *Ibid.*: (...) *it is psychologically easy to ignore responsibility when one is only an intermediate link in a chain of evil action but is far from the final consequences of the action. Even Eichmann was sickened when he toured the concentration camps, but to participate in mass murder he had only to sit at a desk and shuffle papers. At the same time the man in the camp who actually dropped Cyclon-B into the gas chambers was able to justify his behavior on the grounds that he was only following orders from above. Thus there is a fragmentation of the total human act; no one man decides to carry out the evil act and is confronted with its consequences. The person who assumes full responsibility for the act has evaporated. Perhaps this is the most common characteristic of socially organized evil in modern society.*

17 *A Espiral do Silêncio – Opinião Pública: Nosso Tecido Social*, Elisabeth Noelle-Neumann, Estudos Nacionais, 2017.

Pandemia, aberta pelo Senado Federal e liderada por agressivos senadores de oposição ao governo federal. Os "convidados" e convocados que não concordavam com o discurso que se queria impor eram achincalhados e assediados de todas as formas mais degradantes possíveis. Acompanhando e divulgando todo o *show* macabro fornecido por senadores, em sua maioria completamente ignorantes dos assuntos que debatiam, estava a velha imprensa, que rapidamente também aproveitava conteúdos antiéticos vazados de quebras de sigilo para expor ainda mais as vítimas da famigerada CPI. Abutres sedentos de sangue.

Pessoas que enxergavam o absurdo que se vivia muitas vezes se calaram com medo de serem identificadas como obscurantistas, terraplanistas, "anticiência" ou qualquer coisa que o valha, mesmo sabendo muitas vezes que os verdadeiros obscurantistas eram exatamente os que estavam emplacando o falso discurso hegemônico que incluía coisas insustentáveis como *lockdown* e a concepção potencialmente letal de que se devia obedecer o comando "fique em casa até sentir falta de ar".

Com um grupo recebendo os holofotes para disseminar um discurso específico, abusando da imagem de autoridade que detinha, seja esta real, seja esta fornecida artificialmente pelo espaço livre na velha imprensa marrom (em referência à fétida substância que a inspira); e os grupos discordantes em sua maioria calados, com medo da exposição e do ridículo, além do receio de processos judiciais descabidos, tudo ficou perfeito para que se impusesse a conformidade grupal.

A conformidade grupal é um mecanismo psicológico descrito por Solomon Asch, no qual um indivíduo afirma coisas erradas e insustentáveis por causa do receio de diferir de seus pares.[18] Em sua experiência, um indivíduo é chamado a dar uma resposta relativamente simples e muito fácil. Contudo, após diversos atores contratados responderem de forma errada, muitas vezes o sujeito da pesquisa errava absurdamente só para

---

18 "Influence Interpersonnelle. Les effets de la pression de groupe sur la modification et la distortion des jugements", S. E. Asch. *In*: C. Faucheux e S. Moscovici, *Psychologie sociale théorique et expérimentale*, Mouton Editeur, pp. 207-226, 1971.

não diferir do grupo e não se submeter à pressão de ser aquele que rema contra a maré.

Quando as autoridades e "porta-vozes" da ciência diziam que o céu era verde com bolinhas amarelas e que chovia para cima, ficava difícil para muitos afirmarem o óbvio: o céu é azul e a chuva desce! Isolar pessoas saudáveis ou evitar que procurassem diagnóstico e tratamento precocemente constituíam absurdos criminosos, mas que foram repetidos *ad nauseam* por pessoas muitas vezes inteligentes, porém, hipnotizadas e amedrontadas. Tal timidez moral, embora compreensível, constituiu falha moral mesmo assim, e permitiu muitos abusos.

Muzafer Sherif aplica esse conformismo observado por Asch em um contexto de criação de normas e padrões, justamente o cenário trazido pela pandemia e outras situações em saúde.[19] Mesmo as regras mais absurdas inventadas podem ser incorporadas se houver a devida pressão social.

Há muitas formas de se manipular a vontade do indivíduo e da sociedade, seja por meio de atos de engajamento ou dessensibilização, por exemplo. Uma vez que uma atitude ridícula ou contraditória tenha sido adotada, o caminho estará aberto para a mudança de comportamento gerada pela dissonância cognitiva. Quanto mais ridículo o ato realizado e mais público, maior o poder de gerar mutação na psique do indivíduo.[20]

Alguém que tenha defendido, por exemplo, a absurda concepção de que se devia ficar em casa até sentir falta de ar, caso tivesse algum sintoma gripal, chegou a um ponto no qual poderia mostrar profundo arrependimento por colocar a vida alheia em risco ou, de outra forma, evitaria o arrependimento e partiria para uma aposta psicológica ainda mais ousada, do tipo tudo ou nada. Afirmaria de forma ainda mais veemente o absurdo, talvez tornando-se até mesmo um militante desse absurdo. Afinal, não deve ser fácil carregar consigo a culpa por ter potencialmente

---

19 "Influences du groupe sur la formation des noms et des attitudes", M. Sherif. *In*: C. Faucheux, e S. Moscovici. *Ibid.*, pp. 207-226.

20 *A theory of cognitive dissonance*, L. Festinger, Stanford University Press, 1968.

eliminado muitas vidas, sendo até mesmo um mecanismo de defesa o ato de reiterar a posição errada.

Um indivíduo que esteja correndo no parque, andando de bicicleta ao ar livre ou dirigindo sozinho dentro de seu carro enquanto usa máscara poderá perceber que comete um ato completamente inócuo. Mas a sensação de que caiu no engodo é tão vergonhosa que prefere muitas vezes arrumar racionalizações explicativas para defender seu ato e contornar o vexame. Torna-se um radical defensor das máscaras, portanto, e talvez um dia até mesmo use a máscara no banho ou na piscina (de fato, alguns o fizeram durante a pandemia, acredite se quiser).

Tais ferramentas de controle e manipulação são muito fortalecidas pela importância dada ao cuidado com a saúde. Por meio dessas não tão sutis artimanhas, verdadeiras mutações culturais podem ocorrer.

Alguns exemplos de mutações recentes preocupantes:

- Isenção de responsabilidade em relação a laboratórios farmacêuticos fabricantes de medicamentos e vacinas com tecnologias ainda pouco conhecidas e efeitos adversos igualmente obscuros.
- Aplicação de substâncias ainda pouco conhecidas com dispensa de termos de consentimento livre e esclarecido, o que fere profundamente o princípio da autonomia na Bioética.
- Supressão de liberdades individuais e direitos humanos em prol de um bem da coletividade pouco fundamentado em reais evidências de efetividade.
- Alterações geopolíticas de grande impacto e negociações abusivas entre grandes laboratórios multinacionais e governos de nações diversas, que se tornaram reféns de um mercado baseado no pavor da doença.
- Uso de dados de saúde de caráter tradicionalmente privativo por autoridades sanitárias e implementação de sanções diversas não previstas em lei, abrindo espaço para uso abusivo do poder pelo Estado e seus agentes.

A saúde é uma potente desculpa para os mais apavorantes arroubos totalitários. É uma arma potencialmente destrutiva de manipulação e transformação da sociedade, principalmente durante uma crise de proporções globais envolvendo um agente patogênico e interesses ideológicos e financeiros inconfessáveis.

EM PROL DE UMA SAÚDE CULTURALMENTE BENÉFICA

Tanta autoridade nas mãos de uma classe profissional como a da saúde tem um enorme potencial de estrago. Porém, a afiliação moral ao legado hipocrático de defesa da vida e da dignidade humana sempre foi um freio contra a corrupção absoluta e a tentação totalitária. Quando, na história, a ética médica se desviou do caminho hipocrático, por exemplo, surgiram os horrores da medicina nazista e comunista, com seus massacres indesculpáveis.

Em uma sociedade sem parâmetros morais sólidos, tudo é permitido. Onde tudo é permitido, impera a lei de quem tem mais força para se impor. Hoje, a força para se impor se encontra concentrada nas mãos de uma velha elite corrompida capaz de engajar tecnocratas que se prestam ao serviço de fomentar os mais loucos planos e ideias.

Fortalecer a tradição moral hipocrática da saúde e, em especial, a da boa medicina, que sobreviveu milênios salvando incontáveis vidas e angariando o respeito, a confiança e a gratidão das mais diversas sociedades, é obrigação de todos aqueles que ainda não tiveram suas consciências cauterizadas.

Por fim, nossas vidas são profundamente impactadas pela visão que se tem da saúde e, como diz o grande Médico dos médicos, Cristo, "se teus olhos forem trevas, que grandes trevas serão!".

FILOSOFIA: EXPERIÊNCIA E IDEOLOGIA

Natália Sulman

Professora de Filosofia, especialista em Platão. Escreveu a *Poética de Platão: conteúdo e forma nos Diálogos*, e capítulos de livros, dentre os quais o "Guia de bolso contra mentiras feministas".

FILOSOFIA: EXPERIÊNCIA E IDEOLOGIA

Filósofo, como está na etimologia do nome, é quem ama a verdade: amor que parece comum a todos, porque ninguém escolhe, por força de uma vontade autêntica, a ignorância. O próprio Aristóteles[1] ensina que os homens, por natureza, tendem ao saber. Um sinal de que este autor clássico fala a verdade é que todos amam ver as coisas como elas são na realidade, independentemente da sua utilidade; no entanto, se há poucos filósofos no mundo, é porque a minoria está disposta a fazer sacrifícios, renúncias necessárias para ser fiel à natureza contemplada.

A disposição da massa diante da realidade é da mesma natureza da disposição de Don Juan[2] perante as mulheres: fica encantada, mas tem impulso cego e primitivo, sempre a mudar o objeto da sua adoração.

---

1 Aristóteles (384 a.C.-322 a.C.) está entre os maiores filósofos da Grécia Antiga e as maiores influências da história da civilização ocidental. Os Doutores da Igreja, especialmente Tomás de Aquino, o acolheram como autoridade inexorável. Mais tarde, a sua filosofia foi dividida em estética, lógica, física, *parva naturalia*, metafísica e ética. E, certamente, aquele que deseja se aprofundar em seu pensamento ético e político deve ler *Ética a Nicômaco* e a *Política*.

2 Don Juan é um personagem quase arquetípico da literatura clássica. Para Carl Gustav Jung (1875-1961), o fundador da psicologia analítica, o arquétipo é uma imagem primordial que forma o imaginário coletivo, servindo como base para a expressão e o desenvolvimento da psique. Nesse sentido, Don Juan dá forma ao homem de caráter libertino e impetuoso, que seduz até as mulheres castas, com base em promessas vazias, que as desperta a ambições cegas e relacionamentos impulsivos.

Assim, para ser fiel à alma mais nobre seria necessário sacrificar os desejos supérfluos e adquirir certas virtudes; os devassos, no entanto, só o fazem quando estão cansados de andar sem rumo ou feridos pela convivência com indivíduos vorazes, e precisam usar máscaras para esconder a própria desordem a fim de conquistar um bom partido.

O mesmo acontece com os movimentos ideológicos: são cheios de criaturas encantadas com o mundo, mas desiludidas com o vazio da materialidade ou feridas por pessoas perversas, e, antes de curar as suas feridas interiores, maquiam a realidade como o caminho mais fácil: a conquista de coisas imerecidas ou ilusórias.

Nas palavras de Molière,[3] dirigidas aos hipócritas, os seus líderes

> (...) usam as mesmas máscaras, os mesmos ademanes e comportamentos, e formam uma sociedade fechada e autoprotetora: ofender um é atrair a ira de todos. E mesmo os que, vivendo em meio a eles, agem de boa-fé fatalmente acabam envolvidos: caem ingenuamente nas tramoias dos hipócritas e, sem saber, dão crédito à cambada.

Os hipócritas são fracos interiormente, por isto andam em bando, a fim de unir forças e simular hegemonia. Valendo-se da tática de "ocupação dos espaços", eles promovem boicote, difamação e até monopolização partidária das instituições políticas, culturais e midiáticas.

Mas não só. Os ideólogos elevam à condição de autoridade intelectual os meros militantes, os quais desempenham para o público comum o papel da classe letrada superior, fazendo-o crer que a linguagem ideológica é a mais alta expressão de intelectualidade alcançável. Basta observar

---

[3] Molière (1622-1673) é o pseudônimo do dramaturgo francês Jean-Baptiste Poquelin. Ele é considerado um dos maiores mestres da comédia satírica. O seu objetivo com a sátira era fazer com que os homens olhassem demoradamente para si mesmos antes de julgar os outros. Dentre as suas principais obras estão *Don Juan*, *Escola de Mulheres*, *O Misantropo* e *O Doente Imaginário*.

que a pretensão em ser feminista, comunista e bissexual se tornou símbolo de pensamento crítico, ao passo que o cristão, o conservador e o hétero são considerados desprovidos de autoexame.

Essa estratégia – que arregimentou as minorias em bandos – fez com que as vozes de poucos ressoassem mais alto e a maioria silenciosa se sentisse isolada, com a pecha de estranha ou preconceituosa. Considerando que a amizade é uma das bases da personalidade humana, a maioria começou a oferecer apoio às minorias, sacrificando assim os próprios valores sobre o altar da aprovação de pequenos grupos. Eis a gênese da inibição mental e paralisia cultural que vivemos hoje, pois nenhum pensamento filosófico ou criação artística genuína pode nascer de um mundo ideológico, no qual a verdade é substituída pela transgressão, e a beleza, pela quebra de padrão.

No universo conservador, onde há um emprego natural e previsível da expressão humana, os conceitos são constituídos para elucidar, significar a experiência com a realidade; ao passo que, na linguagem ideológica, eles são os meios para encobri-la, afastá-la dos sentidos sob subterfúgios retóricos. A ideologia de gênero é um exemplo perfeito: quem, afinal, não deseja conhecer a si? Entretanto, descobrir quem você é exige um esforço verdadeiramente hercúleo.

Até cortar os próprios defeitos, como diz Clarice Lispector,[4] pode ser perigoso: "Nunca se sabe qual é o defeito que sustenta o nosso edifício inteiro". Portanto, sendo um risco, é mais fácil nutrir desejos desordenados até mascarar imperfeições reais com ideais perfeitos, como ilustra a história do menino que desejou se tornar uma garotinha logo depois que sua mãe deu à luz sua irmãzinha *deficiente*. Ele acreditou que o motivo

---

[4] Clarice Lispector (1920-1977) foi uma escritora ucraniana que, por força do destino, se declarava brasileira e pernambucana. As suas obras são criticadas por muitos conservadores por ter uma estrutura confusa, mas o seu estilo é muito expressivo e a sua introspecção, muito rica. Em *Perto do Coração Selvagem*, ela diz algo impressionante: "Não é o grau que separa a inteligência do gênio, mas a qualidade. O gênio não é tanto uma questão de poder intelectivo, mas da forma por que se apresenta esse poder".

pelo qual os pais davam um tratamento especial à sua irmã era o fato de ela ser do sexo feminino; assim, foi fácil concluir que, se ele se comportasse como uma menina, receberia a mesma atenção.

Ou seja: o garoto não abraçou a ideologia por amor à verdade, mas porque seria custoso admitir: "Eu tenho uma irmã deficiente, e os meus pais precisam se dedicar a ela mais do que a mim. Sou orgulhoso, egoísta, dependente emocional demais para dividir afeto. Então vou disputar espaço com a minha irmã, mesmo que isso signifique dificultar ainda mais a vida dos meus pais, apenas porque o meu desejo é receber mais atenção do que eu recebo".

É provável que o garoto, dada a sua imaturidade, não dispusesse dos meios verbais adequados para exprimir suas maquinações; no entanto, um único capricho seu bastou para que a sua personalidade inteira fosse construída a partir dos seus defeitos, os quais, se ele desejasse o título de filósofo, seriam abstraídos e transformados em teoria de gênero.

É exatamente por isso que o professor Olavo de Carvalho[5] diz que uma única experiência expressa de forma inadequada pode produzir uma infinidade de conceitos equivocados. Daí a fundamental importância da sinceridade existencial para a formulação de teorias verdadeiras, pois o ser humano não vê as ideias filosóficas como um anjo – cuja inteligência é pura –, veria as ideias platônicas. Primeiro, o homem percebe as coisas do seu cotidiano, depois transpõe a sua experiência em palavras e, finalmente, pensa sobre os conceitos. Estes devem se adequar à realidade, no entanto, a eficiência desta adequação é prejudicada quando há muitos

---

5   Olavo de Carvalho (1947-2022) ficou conhecido como o homem que desafiou a esquerda no Brasil. Mesmo os seus maiores críticos (que são muitos) devem admitir que, antes do professor, os conservadores temiam defender os seus valores perante a sociedade. A hegemonia esquerdista era tão absurda que praticamente ninguém estava disposto a enfrentar o império do politicamente correto. Até que Olavo criou um movimento cultural que popularizou ideias conservadoras e autores quase desconhecidos no Brasil. Ele se opôs radicalmente ao positivismo, marxismo, comunismo soviético e chinês, fascismo, existencialismo sartreano, feminismo e desconstrucionismo. Sendo estes os seus principais ensinamentos teóricos: paralaxe cognitiva, teoria dos quatro discursos, conhecimento por presença, trauma de emergência da razão, 12 camadas da personalidade e método de confissão.

temores, paixões, preconceitos e autoenganos. É assim que os conceitos suprimem a experiência com a realidade, a exemplo da pessoa triste que diz: "A vida não tem sentido". O que a infeliz está fazendo é a transposição das próprias dores existenciais para princípios cósmicos, sem que o seu raciocínio indutivo (por definição, o que vai do particular para o geral) tenha suficiente abrangência para validar a sua tese. Bastaria olhar em volta para enxergar como há vidas cheias de sentido, especialmente nos mosteiros, nas famílias estruturadas, nos casamentos bem-sucedidos.

Assim também, quem nunca testemunhou uma mocinha que foi vitimada por um, dois, três canalhas – frequentadores assíduos dos ambientes moralmente deploráveis que ela mesma decide frequentar – se tornar uma feminista defensora da narrativa falaciosa de que "nenhum homem presta"? A pobre coitada se esquece dos santos, gênios e heróis que pisaram neste planeta e passa a ser uma mera ideóloga, uma pessoa para a qual a história já não diz nada, cujo mundo é apenas um conjunto de conceitos articulados em absoluto descompasso com a realidade da experiência humana.

Foi a partir da observação deste fenômeno que o professor Olavo descobriu a paralaxe cognitiva: o deslocamento entre o eixo da construção teórica e o eixo da experiência real. Esse desvio da função natural da linguagem, da remissão ao mundo para o aprisionamento na própria linguagem, é a fundamentação do pensamento ideológico.

Eis a razão pela qual Eric Voegelin[6] caracterizou a ideologia como uma espécie de bruxaria; afinal, tanto o bruxo – aquele cujo intento é

---

6   Eric Voegelin (1901-1985) foi um filósofo germano-americano que se opôs radicalmente ao pensamento ideológico. Ele dizia que o homem é consubstancial à realidade, portanto, tem acesso e participação nela, que deve ser o fundamento de toda teoria. No entanto, Voegelin defende que os modernos, em sua maioria, substituíram a remissão ao mundo pela fixação nos conceitos, como se a linguagem estivesse aprisionada em si mesma. Eis que boa parte da filosofia moderna é caracterizada como gnóstica. Nesse sentido, Voegelin tem uma definição muito original de gnosticismo, considerando-o como uma revolta contra a realidade circunstancial e uma tentativa de obter controle cognitivo sobre ela. Os ideólogos gnósticos sonham em resolver os problemas da humanidade a partir de seus conceitos, fazendo o que Voegelin chama de imanentização escatológica, ou seja, a tentativa de trazer o Paraíso para a Terra.

dominar as forças sutis da natureza – quanto o ideólogo buscam transformar a realidade a partir da palavra. O feiticeiro de outrora dizia simplesmente "abracadabra", e esperava que um doente fosse curado; assim como o ideólogo de gênero diz "Eu sou uma mulher", e espera que seja magicamente transformado em uma "empoderada". O princípio é a absorção e a transmutação da realidade no conceito. E isto não está restrito ao gênero, senão as mais variadas vertentes ideológicas, até mesmo o hegelianismo e o comunismo, segundo a observação de Voegelin. O filósofo as caracteriza como bruxaria por três razões: a) a conversão de conceitos abstratos em forças atuantes no mundo, a exemplo de quem imputa culpa ao "Estado", ao "capitalismo" e à "guerra de classes" no lugar de agentes históricos pessoais; b) a solução para os problemas da humanidade que lhes imputa a autoridade de um feiticeiro, capaz de alterar tudo significativamente desde que as pessoas encarem a sua filosofia como o grimório (livro do mágico) que evocará para o mundo a reconciliação que os homens comuns, por si mesmos, não podem alcançar; c) a interpretação imaginativa de épocas que supostamente lhes permite prever o futuro da história, elevando o ideólogo ao estatuto de guardião dos princípios ocultos. O pensamento conservador, no entanto, segue uma linha completamente diferente, que consiste em procurar a ação humana real e concreta e o seu efeito na realidade.

Sendo assim, uma boa filosofia começa com a meditação, que não tem nada a ver com o que pensam as pessoas comuns. Com a ocidentalização do budismo,[7] a meditação foi associada ao ato de silenciar os pensamen-

---

[7] Tenho a hipótese de que o budismo se tornou cada vez mais popular no Ocidente como uma das estratégias para destruição da civilização ocidental. A esquerda deseja mostrar que os nossos valores são vazios e há formas de vida mais agradáveis do que tudo quanto conhecemos. O budismo é conveniente enquanto pertencente a outro mundo e, no entanto, sem promover instituições "engessadas", como as outras religiões, tal qual o islamismo. Mas o seu caráter ascético é absurdamente ressignificado. Enquanto os budistas orientais entendem o desapego como abstenção sexual, por exemplo, os "budistas" ocidentais o expõem como liberação do relacionamento aberto. Eu já frequentei vários centros budistas brasileiros em que os seus adeptos diziam-se "poliamorosos".

tos, a uma espécie de esvaziamento. Daí que soa estranho aos ouvidos contemporâneos o dito de que os filósofos antigos e os santos padres falavam sobre a meditação.

No entanto, ela está presente até no grande expoente da modernidade: *Meditações Metafísicas*, de René Descartes.[8] Em nossa tradição metafísica, meditar significa aprofundar a consciência nos elementos presentes na memória.

Este aprofundamento permite a elaboração de uma distinção entre uns e outros elementos, até que eles se tornem conscientes, mas sem os artifícios da abstração. A diferença entre a meditação e o juízo é que aquela abre a psique para os elementos armazenados na mente assim como eles apareceram na experiência e, portanto, sem a interferência do raciocínio. Isto é necessário porque às vezes nós interpretamos a realidade de modo equivocado – não porque o problema seja o real, mas porque o nosso juízo está deslocado, e então a meditação permite o retorno à apreensão sensível.

Imagine que você está a escutar o Hino Nacional Brasileiro: "Ouviram do Ipiranga as margens plácidas / De um povo heroico o brado retumbante / E o sol da liberdade, em raios fúlgidos / Brilhou no céu da pátria nesse instante". Muitas pessoas cantam sem o mínimo entendimento da letra, como se as palavras fossem sons agradáveis, mas de significado desconhecido. A meditação serve precisamente para nos fazer chegar à compreensão dos referentes concretos das palavras: o momento em que Dom Pedro I, à beira tranquila do rio paulistano do Ipiranga, proclamou a independência do Brasil; a voz do Imperador, que tornou o país livre do domínio burocrático de além-mar representa a vontade do povo brasileiro. A mesma dinâmica deve acontecer com a filosofia, cujos conceitos não devem ser tomados como meras abstrações, mas precisam encontrar o seu referente

---

8   René Descartes (1596-1650) é considerado o pai da modernidade. Ele inverte o paradigma clássico de conhecimento ao colocar o "eu" como centro da investigação filosófica.

na realidade. Infelizmente, no entanto, isso se perdeu essencialmente com o advento do desconstrucionismo, que busca "desconstruir" o que se chama de "racionalidade logocêntrica e essencialista". Jacques Derrida – figura largamente cultuada pela *intelligentsia* brasileira e um dos seus principais expoentes – inaugura "a destruição de todas as significações que brotam da significação do logos. Especialmente a significação de verdade".[9]

A consequência fatal é que o discurso não fala mais da própria realidade, senão que esteja centrado na linguagem, como Narciso que contempla a própria imagem.

Outros já poderiam dizer que a proposta desconstrucionista é a única via filosófica legítima, exatamente por afirmar – paradoxalmente – que a verdade não existe. Porém, como é facilmente comprovado, esta frase é autocontraditória, pois se ela é verdadeira, então a verdade existe. Contudo, alguém poderia objetar da seguinte maneira: "Esta é uma verdade lógica. Quando digo que não existe verdade, falo do verdadeiro na realidade". Mas o fato evidente da existência da lógica implica que há alguém que a pense, e este alguém existe na realidade. Esta não pode ser produção da mente, pois a palavra humana não é dotada do poder criador análogo à palavra divina; se eu disser "*Fiat lux!*", como narrado em Gênesis 1, a luz não será feita.

Argumentaria porém o desconstrucionista: "Ninguém jamais teve a visão do mundo inteiro, como os cristãos defendem que Deus tem. Nós temos apenas uma percepção fragmentada, a ponto de que, se o ser humano fizesse um esforço para conceber uma ideia de mundo, a sua mente ficaria desorientada num quebra-cabeça infinito". A fórmula por trás é kantiana: "Há coisas que podemos pensar, mas não podemos conhecer". Porém, o professor Olavo a inverte: "Há outras coisas que podemos conhecer, mas não podemos pensar". Elas são intuitivamente reconhecidas, mas não podem ser transformadas em pensamento, sendo uma delas

---

9   *Gramatologia*, Jacques Derrida, 2ª ed., Perspectiva, p. 13, 2004.

a própria realidade. Nós não falamos dela como a soma de partes, mas sim como a totalidade, cujo valor ontológico pode ser provado: porque, se o todo fosse a soma das suas partes, eu poderia cortar o meu cabelo e me tornar menos Natália por causa disso; mas o fato de que isto jamais poderá acontecer demonstra que a totalidade é a unidade que está além do mero somatório de suas partes, assim como o que chamamos de realidade. Até mesmo as crianças sabem que pertencem à mesma realidade umas das outras. Portanto, a ausência da percepção de uma entidade chamada "realidade" não invalida a constatação de que há algo mais do que é percebido e pensado, algo metafísico e apofático. Se não o vemos, é porque a capacidade de apreensão do nosso instrumental natural – razão, percepção etc. – é assaz limitada; no entanto, por baixo do eu, há uma presença que está além da linguagem. Daí, naturalmente, o fato de que o mundo existe já implica uma verdade objetiva. Os que dizem "O problema é que nunca chegamos ao ser enquanto ser; estamos sempre no perspectivismo, no relativismo" não têm noção básica de lógica: tudo o que é relativo é relativo a algo objetivo. Por exemplo: "Um elefante é alto ou baixo? É relativo; mas objetivo que é alto em relação a uma formiga, mas baixo em relação a uma catedral gótica".

O resgate dessa realidade é possível mediante o que Eric Voegelin chama de anamnese, que consiste numa técnica de rastreamento da origem das suas crenças ou ideias na realidade. Sem esse rastreamento, o sujeito cairá num efeito manada: a reprodução de ideias externas, veiculadas nos jornais, filmes, universidades, redes sociais etc., enquanto o indivíduo julga a si mesmo como alguém dotado de "opinião própria". Mas a originalidade nunca foi tão difícil desde o surgimento dos "intelectuais orgânicos", um termo técnico que designa quem não busca ensinar a verdade, senão reorganizar a sociedade. Este método faz parte do que se chama de "revolução cultural" e foi adotado pelos esquerdistas depois do fracasso das revoluções marxistas tradicionais.

O mundo assistiu ao proletariado resistir ao Partido, como os russos de maioria cristã ortodoxa. Eles viram os seus santos martirizados pelos comunistas ateus, e a cosmovisão metafísica dos cristãos não combinava com o materialismo histórico dos revolucionários. Além, é claro, da resistência à abolição da propriedade privada, pois quem valoriza a família também valoriza a herança dos pais perpetuadas nos filhos. Daí que os comunistas tomaram a consciência de que seria necessário dar início a um projeto de engenharia social a fim de fazer com que as pessoas deixassem de resistir à revolução: um processo aparentemente pacífico e praticamente imperceptível de ocupação de espaços, processo este que mascara uma revolução violenta e perversa. Assim, as ideias do Partido se impregnaram em toda a sociedade, tornando-se uma espécie de inconsciente coletivo, de modo que todos passaram a pensar, sentir e agir como comunistas, sem saber que o são. É dessa maneira que o Partido adquire um poder onipresente e invisível, o domínio que todos obedecem sem saber que estão obedecendo. Por exemplo, podemos observar que as doutrinas revolucionárias não mais buscam destruir o cristianismo – como exigia Marx –, mas esvaziá-lo da sua dimensão espiritual até deixá-lo semelhante à natureza do espírito revolucionário, como faz a Teologia da Libertação.[10] Quem nunca ouviu que Jesus era comunista?

Esse tipo de frase mostra que a revolução cultural está longe de ser uma "teoria da conspiração", além do fato de haver agentes históricos nomináveis nesse movimento. O primeiro deles é Felix Weil, um comunista oriundo de uma família riquíssima – típico hipócrita revolucionário – que usou o seu patrimônio para financiar a conferência intitulada Erste Marxistische Arbeitswoche [Primeira semana de trabalho marxista] com o propósito de expandir o marxismo pelo mundo. E é neste cenário que nasce a Escola de Frankfurt. Ela é o que se chama de *think tank*: um verdadeiro "laboratório de ideias" que recebe financiamento

---

10 A Teologia da Libertação é um movimento de infiltração comunista na Igreja Católica Romana. Os revolucionários pregam que a maior preocupação do cristianismo é a libertação política das classes oprimidas. São estes os seus maiores militantes: Gustavo Gutiérrez, Leonardo Boff, Juan Luis Segundo e Jon Sobrino.

para pesquisas políticas, econômicas, culturais etc. O cerne dos seus esforços era precisamente encontrar um meio para levar a revolução adiante a partir da cultura, o que começa com Max Horkheimer, Theodor Adorno, Herbert Marcuse, Erich Fromm, e culmina com Gramsci. Os seus herdeiros intelectuais estão voltados à cultura mais do que à economia, e isto é perceptível atualmente, quando, na prática, vemos os esquerdistas menos preocupados em refutar economistas como Mises do que em falar sobre teoria de gênero, *funk* e sertanejo, cinema e *Big Brother*.

É necessário que os conservadores triunfem politicamente no seu aprofundamento na cultura popular e erudita: esta serve para que resgatem a estrutura da realidade e reencontrem os valores atemporais; aquela, para que não deixem a formação da juventude nas mãos dos canalhas hipócritas. A Bíblia é sábia em tudo o que diz: "Fiz-me como judeu para os judeus, para ganhar os judeus; para os que estão debaixo da lei, como se estivesse debaixo da lei, para ganhar os que estão debaixo da lei". Assim, nós também devemos fazer tudo para todos – não só apreciadores da economia e da filosofia como da música e dos desenhos infantis –, para, por todos os meios, chegarmos a proteger alguns.

A ARTE COMO VEÍCULO REVOLUCIONÁRIO

Cristián Rodrigo Iturralde

Historiador, escritor e conferencista. Nasceu em Buenos Aires, em 1979. Especializou-se no campo da história, filosofia da história ocidental antiga e política moderna e contemporânea. Autor de sete livros que foram traduzidos e publicados em diferentes partes do mundo.

A ARTE COMO VEÍCULO REVOLUCIONÁRIO

A esquerda sempre demonstrou uma grande capacidade de se reinventar, se reconfigurar, e, por isso, historicamente tem mostrado mais de mil faces, confundindo, desse modo, os incautos – para não dizer idiotas –, que são a maioria e que acabariam apoiando por ação ou omissão a maior parte dos postulados, inclusive sem sabê-los. A esquerda conhece perfeitamente essa situação, mas, sobretudo, o papel fundamental que sempre desempenharam os idiotas úteis para a consumação da revolução, o que o próprio Lênin se encarregaria de reconhecer.

Por isso, para as sociedades ocidentais sempre foram mais perigosos os *think tanks* – ou usinas de pensamento do marxismo moderado ou reformista – que os levantes armados dos vermelhos radicais. E por que isso? Pelo simples motivo de que, enquanto as vítimas dos últimos são conscientes de seu estado de opressão, os primeiros, os abordados e doutrinados sutilmente pela engenharia marxista, não o são. E mais, creem ser livres e ter pensamento próprio. Esse foi, sem dúvida, o triunfo do marxismo nas sociedades ocidentais; ao penetrar sigilosamente por meio de instituições como a Escola de Frankfurt nos anos 1920, acabou por gerar a primeira grande revolta contra a cultura ocidental, conhecida como o "maio francês" ou o "maio de 68".

Em síntese, a esquerda focou seus esforços no que hoje chamamos Guerra Cultural para penetrar no Ocidente e destruir uma a uma as bases da civilização ocidental cristã (especialmente a religião, a moral cristã, o patriotismo e a família). Seus agentes são hoje muito conhecidos por todos nós: feministas, abortistas, libertinos sexuais, os coletivos LGBT, os pretensos ambientalistas/ecologistas e os antirracistas, entre outros. No entanto, existe uma frente bastante subestimada por nós e que tem trazido muitos ganhos aos esquerdistas: a arte.[1]

Indubitavelmente, um dos processos subversivos mais importantes que escaparam ao olhar corrente é este, o campo da "arte". Eu me atreveria, inclusive, a sentenciar que foi este (e ainda é) talvez o mais decisivo dos pretores da contracultura, seu veículo mais incisivo e perigoso, pelo motivo de que raras vezes se é consciente de seus efeitos nas pessoas e em seus pensamentos, condicionando as ações. Como sabemos, a arte abarca diversas esferas, como a música, a pintura, a literatura, a escultura, o cinema etc. Em sua maior parte, todas foram esvaziadas de conteúdo real e ressignificadas com propósitos revolucionários, utilizados basicamente como agentes de doutrinamento social. A seguir, e de modo sintético, abordaremos duas delas: a pintura e a música pensadas com efeitos revolucionários.

Antes de tudo, porém: o que é a arte e qual é o seu objeto? Comecemos dizendo que, desde o início da civilização, a arte foi colocada no mesmo nível da filosofia e da teologia, entendida como meio e via legítima de transcendência. Aristóteles, por exemplo, nos diz: "A arte tem a capacidade de comover o espírito e, em consequência, levá-lo a uma catarse que signifique uma purificação espiritual dos sentimentos". Em completa simetria com a visão clássica, ensina: "A arte convida a desenvolver a beleza da existência, vivendo plenamente suas exigências morais e a buscar, incansavelmente, a verdade". A definição mais concreta a respeito é encontrada em um trabalho recentemente publicado pelo artista chileno Ricardo Ramirez:

---

[1] A este assunto vital dedico um dos capítulos do meu livro *A Escola de Frankfurt e a Nova Esquerda*, Vide Editorial, 2022. Eu me servi fundamentalmente desse trabalho para retratar o que vem a seguir.

> A arte é: o caminho da criação, criação com estética e ética, de obras harmoniosas, belas, verdadeiras e boas, sem utilidade prática (usando o corpo e a matéria fazendo ações, imagens, sons, linguagem e combinações deles). Aquelas que comunicam com precisão e objetividade aspectos essenciais da realidade interna e externa, unindo o mundo material ao espiritual, com propósito axiológico em busca da "Beleza Original" que brilha e ilumina a alma. A fim de elevar a espiritualidade do espectador, alcançando uma conexão entre o transcendental e sua interioridade.[2]

Obviamente, a beleza é e deve ser parte inseparável da obra de arte. Mas o que é beleza? Os antigos ensinavam que as coisas são belas à medida que são boas e que são boas à medida que perseguem sua finalidade, e a finalidade é o bem de cada coisa. Podemos conhecer o belo? Quais seriam seus atributos? É claro que o belo é tão conhecível quanto o feio. Quantas vezes nos deslumbramos com obras artísticas sublimes ou mesmo com o desgosto que uma determinada obra considerada arte nos causou – por seu caráter grotesco ou absurdo –, tendo a impressão de que uma criança de cinco anos poderia tê-la feito? Este último – o que prevalece hoje no mundo artístico – acontece quando essa disciplina se afasta de seus propósitos e regulamentos constitutivos. É por isso que a arte, como a filosofia e a teologia, atua como instrumento pedagógico e veículo para a aproximação do ser humano do verdadeiro e do transcendente, tendendo a, ou tendo entre suas qualidades, "harmonia, ordem, proporção, simetria, perfeição, equilíbrio, ritmo, cânone, seção áurea etc., típicos de uma arquitetura invisível, capaz de agradar o olhar e o ouvido, e cativar o espírito. Toda beleza nada mais é do que um fragmento de uma grande beleza universal", nos diz Ramírez. Sua descrição é validada pelo próprio Platão, para quem a característica fundamental da beleza é a luminosidade, e sua

---

[2] *A Arte e a Guerra Cultural. Ocidente sob Ataque*, Ricardo Ramírez, Editorial Artistas Libres, 2021 (livro em preparação ao qual o autor me concedeu acesso).

função é despertar o amor (e, portanto, a beleza é o bem) – e por Aristóteles, que define a beleza como "harmonia".

Com o advento de Immanuel Kant (1724-1804),[3] particularmente por meio de sua *Crítica da Faculdade de Julgar*, iniciou-se um processo de desfiguração da arte e de seus objetos, sobretudo com a afirmação de que a beleza é apenas subjetiva e que o ser humano não teria capacidade de acesso à realidade. Em suma, então, a beleza não dependeria do valor objetivo da obra (ela não obedece a julgamentos estéticos), mas da percepção e da sensibilidade de quem a recebe. E de concepções como essas emergirão os principais movimentos de ruptura nessa esfera no século seguinte; a chamada "arte de vanguarda" romperá completamente com a visão tradicional dela.[4] Para Hicks, a arte modernista "é uma declaração de conteúdo, uma exigência de reconhecimento da verdade de que o mundo não é belo. O mundo é fragmentado, decadente, hediondo, deprimente, vazio e, finalmente, ininteligível".[5] Essa lógica se inscreve novamente em Kant, que nega que o homem seja capaz de conhecer objetivamente o que está fora de sua mente: todo julgamento humano é relativo à medida que sua ideia das coisas vem de seu próprio pensamento, e não de uma coisa que existe independentemente da existência humana. Não há universais ou verdades absolutas para eles.

Esse movimento artístico surgido e consolidado no início do século XX abarcará todas as dimensões culturais (pintura, literatura, escultura, música etc.) e terá uma série de características particulares e distinguíveis, que poderiam resumir-se em seu espírito abertamente revolucionário. A partir daqui, reivindicam uma ruptura total com a arte tradicional, que consideram não só obsoleta como funcional ao *status quo*, ainda

---

3   *Crítica del Juicio*, I. Kant, Espasa-Calpe, 1997.

4   Aparentemente, o primeiro a usar o termo "vanguarda" foi Secante Rodrigues, um admirador de Saint-Simon, em sua obra de 1825 *L'artiste, le Savant et L'industriel* [O artista, o cientista e o industrial], afirmando que "o poder das artes é, de fato, o caminho mais imediato e rápido para a reforma social, política e econômica".

5   *Explicando el Posmodernismo*, Stephen Hicks, Barbarroja, p. 199, 2014.

dominado pelas estruturas tradicionais e pela moral cristã. Para eles, a arte não deveria ser neutra ou descritiva, mas eminentemente ideológica, contestadora, política. De acordo com isso, imprimir-se-á nela um caráter claramente provocador, exaltando em suas representações a violência e agressividade dos objetos, suas cores estridentes, desenhos geométricos, a exaltação do inconsciente, do meramente racional, da paixão, do individualismo etc. Onde a intenção destrutiva dessa arte moderna se manifesta mais claramente é na modificação da estrutura essencial da obra de arte, afirmando, por exemplo, que a forma deve coincidir com o conteúdo. Desse modo, esta arte deve agora prescindir do recurso às formas tradicionais da perspectiva e da cor, uma vez que isso supõe uma realidade ordenada, integrada e, sobretudo, cognoscível.[6] Este é o objetivo principal e central dessa arte em dissolução: eliminar toda conexão cognitiva com uma realidade externa.

Já não importa aqui o verdadeiro, o belo, o desejável ou o objetivo, mas sim a novidade original que o artista traz consigo. O romance, o escandaloso, o absurdo é para eles o que é verdadeiramente autêntico (ver apenas o "mictório" de Marcel Duchamp, 1917). A arte passa a ser qualificada e avaliada com base no desgosto e no impacto conceitual que causa no espectador. Por exemplo, consultemos o ato fundador do "dadaísmo":

> O sistema "DD" vai te libertar, quebrar tudo. Vocês são os mestres de tudo que quebram. As leis, a moral, a estética foram feitas para que você respeite as coisas frágeis. O que é frágil é para ser

---

[6] Stephen Hicks oferece três exemplos claros disso, apontando primeiro para *O Grito*, de Edvard Munch (1893): "Se a verdade é que a realidade é um redemoinho horrendo e em desintegração, então tanto a forma quanto o conteúdo devem expressar o sentimento". Em segundo lugar, ele se refere à obra de Pablo Picasso *Les Demoiselles d'Avignon* (1907): "Se a verdade é que a realidade é frustrada e vazia, então tanto a forma quanto o conteúdo devem expressar isso". Finalmente, ele aborda as pinturas do surrealista Salvador Dalí: "Elas vão um passo além: se a verdade é que a realidade é ininteligível, então a arte pode ensinar essa lição usando formas realistas, contra a ideia de que podemos distinguir realidade, sonhos irracionais e subjetivos. *Op. cit.*, pp. 199-200.

quebrado. Experimente sua força uma vez: eu te desafio a não continuar depois. O que você não quebrar vai quebrar você, será seu mestre.[7]

No começo do século passado, o artista Kandisnky rompeu com os últimos conteúdos sagrados que havia na pintura, porque até então era o transcendente que impregnava o espírito da arte. Detectando então a religião como um fator alienante na arte, os revolucionários começaram a se ocupar de todas as suas manifestações. Assim, o pintor Georges Mathieu afirmava que: "Há que desencadear a liberação de toda estética anterior. Uma arte estética da consciência substituirá uma consciência estética da arte". E acrescentava: "Estamos no alvorecer de uma nova arte que desencadeará processos indescritíveis, uma nova arte que criará um novo homem"[8]. Nesse sentido, Pablo Picasso foi, sem dúvida, o maior revolucionário nas artes plásticas, sobretudo através do "cubismo"; "um monstro da demolição", é como Joaquín García de la Concha denomina o pintor espanhol.

É nessa época que os artistas deixam de lado as obras realistas e passam a transmitir suas próprias misérias, ressentimentos e experiências em seus trabalhos, gerando uma vanguarda artística que tem como traço distintivo a provocação, o rude e degenerado, a exaltação da novidade ou do original e a rejeição de tudo que veio antes. Tudo isso é evidente nas correntes

---

[7] Louis Aragón, poeta francês. *In* Alberto Boixadós, *Arte y Subversión*, Areté, Buenos Aires, p. 37, 1977.

[8] Em Boixadós, *op. cit.*, p. 38. Para Herbert Read, o movimento moderno que começou a se manifestar na primeira década do século "foi de natureza fundamentalmente revolucionária e influenciou todas as artes: a prosa de Joyce e a música de Stravinsky fizeram parte dela, assim como as pinturas de Picasso e Klee". E termina dizendo: "Quando descrevo esse movimento como fundamentalmente revolucionário, dou a essas palavras conhecidas seu significado literal". *Filosofia da Arte Moderna*, Herbert Read, Edições Peuser, p. 140, 1960.

impressionista, fauvista, futurista, dadaísta, surrealista e cubista.⁹ Outra característica da arte moderna é o reducionismo, que, tentando evitar a realidade objetiva e a verdade da realidade externa na obra, desvia a atenção do conteúdo para focar a atenção na singularidade da arte. Assim, "os pintores devem remover deliberadamente tudo o que pode ser removido (da pintura) e ver o que sobrevive. Então saberemos o essencial dela".¹⁰

Na literatura, por exemplo, altera-se a estrutura das obras, eliminando-se a pontuação, a estrofe, a sintaxe e a métrica dos versos. Com essa nova técnica de criação de poesia, surgiu o caligrama. Surgem também a escultura biomórfica e uma linguagem escultórica expressionista, em que as obras transmitem angústia, pessimismo, inquietação, rejeição, desespero. As inovações plásticas são baseadas na massa, e sua deformação, no volume (aberto/fechado), além de novos materiais como ferro, plásticos, plexiglas, sintéticos, resinas etc. são experimentados. Alberto Boixadós explica melhor o assunto:

> O que antes era representado como a banalidade da pintura abstrata se torna um poderoso propulsor ideológico, com tudo o que isso acarreta, em sua projeção política. Talvez seja conveniente inserir nesse panorama a chamada "pintura conceitual", que na maioria de seus diretores se torna combativa. Uma tela com o desenho de um pão inscreve num canto a sua alusão que o transcende: "O povo tem fome". Esta e outras frases carregam significados extrapictóricos,

---

9   Sobre o "dadaísmo", Ricardo Ramírez nos diz: "O movimento dadaísta é um movimento antiartístico, antiliterário e antipoético porque questiona a existência da arte, da literatura e da poesia. O dadaísmo é apresentado como uma ideologia total, como um modo de vida e como uma rejeição absoluta de qualquer tradição ou esquema anterior. No fundo é um anti-humanismo, entendendo por humanismo toda a tradição anterior, tanto filosófica como artística ou literária. Não por acaso, em uma de suas primeiras publicações, havia escrita como manchete a seguinte frase de Descartes: 'Não quero nem saber se houve outro homem antes de mim'". Em *op. cit.*

10 Em Stephen Hicks, p. 200. E em seguida: *"Lo que es significativo es lo que se eliminó y ahora está ausente. El arte viene a tratar sobre la ausencia"* [O que é significativo é o que foi removido e agora está ausente. A arte vem para lidar com a ausência].

com claro conteúdo político. Uma arte desse tipo, ou pseudoarte, que se limita a ser um condutor de propaganda comercial ou política, é totalmente distorcida como arte, o que não significa que ela não seja mais eficiente em relação aos seus objetivos. É por isso que Möller diz: "A libertação da 'arte' de seus vínculos religiosos e artesanais [e, portanto, éticos] não levou à liberdade. Esses vínculos poderiam ser chamados de positivos, pois não levam a uma manipulação direta do homem. Agora foram substituídos por outros que diríamos negativos, porque carecem de ética, estando intimamente ligados à manipulação direta do homem, manipulação que se vale de procedimentos estéticos, ainda que políticos". A sensação provocada por uma pintura gótica incorporada a um altar, e, em outro plano, uma simples colher de madeira entalhada, foi positiva; estimulou, sem mais delongas, um estado de harmonia interior, de acordo com a harmonia do mundo. Tal "sentimento" não manipulava ninguém; era perfeitamente natural. Um elemento estranho ao próprio objeto e sua função [transcendente ou cotidiana] não foi introduzido nele, nem mesmo remotamente. Tal emoção foi produzida tanto pelas características estéticas do objeto como pela ética que o legitimou [embora tudo isso, é claro, tenha ocorrido de forma espontânea, inconsciente]. "Agora, porém, na arte, a ausência de vínculos sublimados levou ao estabelecimento de outros, não sublimados, desvirtuando suas leis éticas. Quem negará que a religião e a beleza inconscientemente acrescentada à utilidade do humano 'útil' são, em última análise, sublimações muito complexas de impulsos humanos primários? O homem precisa criar uma ordem, ou seja, submeter-se a leis e normas autoimpostas, estabelecer vínculos, sentir-se homem. Só se limitando é que é capaz de avançar. Toda ordem é uma limitação, um esquema seletivo. A liberdade absoluta seria o caos absoluto." Fingir estar livre da natureza das coisas é uma corrupção do espírito.[11]

---

11   *Ibid.*

Esse culto ao feio e ao grotesco na arte contemporânea também é percebido pela filósofa e artista Annie Le Brun, uma das maiores estudiosas da obra do Marquês de Sade – reivindicada pelos homens de Frankfurt: "Assim como a beleza abre o horizonte, iluminando de repente o que existe com outra luz, a feiura reduz, rebaixa e paralisa até que toda perspectiva desapareça, como uma espécie de reclusão que favorece o servilismo". Aí temos a poetisa Anne Sexton (Prêmio Pulitzer em 1967) incluindo menstruação, aborto e drogas em seus poemas; Francis Bacon com seu retrato demoníaco de Inocêncio X (1953); e as esculturas da *designer* cingapuriana Qimmyshimmy – que se define como uma "amante do horrível" –, cuja "arte" consiste em desenhar obras de bebês decapitados, mutilados e deformados apresentados como comida, fazendo uma apologia ao canibalismo de recém-nascidos.

Essa é a qualidade dos artistas criados pelos homens de Frankfurt, gerando o ambiente propício para isso.

O processo de degradação será cada vez maior ao longo das décadas, a partir do qual não só o "belo" é relativizado como se inverte totalmente o seu significado e/ou valorização: o desejável, o verdadeiramente artístico passou a ser o que era objetivamente o "feio" e o indefinível. Jean-François Lyotard (1986) explica que o pós-moderno "seria aquilo (...) que nega as formas belas".[12] A arte pós-moderna e pós-marxista tinha definitivamente feito seus os gritos das bruxas de Macbeth: "O belo é feio, o feio é belo".

---

12 É interessante o apontamento de Stephen Hicks a esse respeito, observando que a arte pós-moderna estritamente falando não significa uma ruptura com o modernismo, mas sim uma continuidade. "O pós-modernismo nunca foi muito longe", comenta o autor: "Ele absorveu a tendência do universo absurdo do existencialismo, o fracasso do reducionismo e o colapso do socialismo da Nova Esquerda. Ele se conectou a pesos pesados como Thomas Kuhn, Michel Foucault e Jacques Derrida, e foi inspirado por seus temas abstratos de antirrealismo, desconstrução e sua postura mais confrontadora com a cultura ocidental". *Op. cit.*, p. 205. O pós-modernismo foi consideravelmente mais longe do que o modernismo na desconstrução de categorias tradicionais que os modernistas não haviam eliminado totalmente. Enquanto o modernismo era reducionista, alguns objetivos artísticos permaneceram.

A ponte para essa arte pós-moderna que cultua o monstruoso e o horrível (desvinculado de qualquer valor estético) será em grande parte a Escola de Frankfurt, especialmente através de Theodor Adorno, Walter Benjamin,[13] George Lukács e Herbert Marcuse. Os homens de Frankfurt detectaram não apenas a atratividade do grotesco antes de qualquer outro, mas também que essa estética conquistou o gosto popular e poderia condicionar seu pensamento e suas ações: eles veem, em suma, o potencial revolucionário da arte e da cultura, seu poder de transformação política e social. Como eles operaram? Ramírez nos conta: "A escola de Frankfurt direcionou seus ataques à estética, removendo forma, fundo, cor, harmonia, estrutura e técnica". Ele então acrescenta o seguinte:

> O modelo usado pela escola de Frankfurt é dicotômico, molecular e dissipado, o que significa que eles não precisam ter uma estrutura unitária, os grupos apresentam contradições entre si, sem que isso finalmente importe, e os grupos estão dissociados em áreas completamente diferentes, o que visa corroer e desconstruir todas as partes da sociedade.

Além disso, a arte pós-moderna – mais radical que a moderna – pretende romper com um princípio essencial da arte, que é a confiança na estrutura. Um caso claro disso pode ser visto no campo da arquitetura; por exemplo, o edifício Stata Center, de Frank Gehry, onde o autor mina deliberadamente o princípio básico da arquitetura de criar estruturas que inspiram confiança em sua solidez. Quem olhar para aquele prédio terá a impressão de que ele desabará a qualquer momento, e esse é o propósito de seu planejador: enfraquecer e minar essa confiança. Como podemos

---

13 Walter Benjamin procurou fundar uma estética materialista reconsiderando a relação que o marxismo havia estabelecido entre a estrutura e a superestrutura. O filósofo confere à arte um poder transformador que depende da vontade do artista, em que a obra já não é julgada pela sua qualidade ou valor literário, mas pelo seu compromisso político ou ideológico.

ver, essa lógica destrutiva será dirigida por modernos e pós-modernos contra cada esfera da arte (pintura, escultura, fotografia, música, literatura, cinema, poesia, dança etc.).

Uma análise interessante sobre esse assunto específico pode ser encontrada em um artigo de 1992 do polêmico Michael Minnicino intitulado "A Nova Idade das Trevas: a Escola de Frankfurt e o 'Politicamente Correto'", onde ele analisa outras esferas artísticas abordadas por filósofos alemães:

> A direção adequada na pintura, portanto, é a tomada pelo Van Gogh tardio, que começou a pintar objetos na sua desintegração com o equivalente ao olho de um fumante de haxixe que "desencadeia e atrai coisas fora de seu mundo familiar". Na música, "não se sugere que se possa compor melhor hoje" do que Mozart ou Beethoven, disse Adorno, mas que se deva compor atonalmente, pois o atonalismo é doentio, e "a doença, dialeticamente, é ao mesmo tempo a cura (...) O protesto reativo extraordinariamente violento que tal música enfrenta na sociedade atual (...) parece, contudo, sugerir que a função dialética dessa música já se pode sentir (...) negativamente, como 'destruição'". O objetivo da arte, da literatura e da música modernas deve ser destruir seu potencial edificante – portanto, burguês – para que o homem, privado de sua conexão com o divino, veja na rebelião política sua única opção criativa. "Organizar o pessimismo não significa outra coisa senão expulsar da política a metáfora moral e descobrir na ação política uma esfera reservada 100% para as imagens". Assim, Benjamin colaborou com Brecht para colocar essas teorias em prática, e seu esforço conjunto culminou no *Verfremdungseffekt* ["efeito de estranhamento"], a tentativa de Brecht de escrever suas peças para fazer o público sair do teatro desmoralizado e zangado, sem um propósito específico.[14]

---

14 *Op. cit.*

Como mencionamos anteriormente, essa intenção destrutiva e disruptiva ocorrerá em todas as manifestações artísticas. Sem ir muito longe, um renomado esquerdista sul-americano, o Prêmio Nobel de Literatura Mario Vargas Llosa, declarou abertamente que "a boa literatura é sempre subversiva", acrescentando que ela tem um efeito social e pode levar a mudanças sociais, e, em vista disso, "a literatura se torna imediatamente um instrumento subversivo".[15]

* * *

A música como agente revolucionário e instrumento de submissão também tem sido algo muito estudado e reconhecido. Talvez o precedente mais marcante seja o dos trovadores medievais dos países do Languedoc, na França, que escondiam em suas canções de amor mensagens esotéricas que propagavam a heresia político-religiosa dos cátaros. Aqui, a estratégia se baseava no envio de mensagens subliminares revolucionárias através de letras e melodias aparentemente inocentes; modalidade subversiva que se estende até os dias atuais.

Mas Theodor Adorno foi mais além, abraçando e promovendo a música atonal. A música atonal será para o alemão quase uma obsessão que o acompanhará por toda a vida, ao longo da qual publicará inúmeras obras a esse respeito.

Lembremos que, até o final do século XIX, a tonalidade prevaleceu como sistema musical, tendo Bach e Beethoven como seus maiores expoentes. Esse sistema foi desenvolvido no século XVII e é composto por escalas de sete notas, em que uma delas é o ponto focal ou a chave tônica (a função de cada uma das outras notas da escala é determinada por sua relação com a nota chave).

Sem dúvida, todos os que já ouviram música clássica experimentaram uma sensação de espiritualidade, de elevação da alma; tranquilidade e paz de espírito, limpeza, transparência e clareza estética. Em uma palavra, é a música

---

15 "La buena literatura es siempre subversiva y una eficaz arma de combate", *La Nación*. https://www.lanacion.com.ar/opinion/la-buena-literatura-es-siempre-subversiva-eficaz-nid2409540/

que nos edifica em todos os sentidos. "Assim como a hierarquia entre harmonia, melodia e ritmo, a tonalidade é mais um exemplo da ordem da natureza da Criação em geral, e da música em particular", escreve o musicólogo Eduardo Peralta.[16] Simplificando, o sistema tonal é o que nos permite ouvir uma obra de Mozart ou uma comemoração sem soar estranho aos nossos sentidos – uma vez que é a linguagem musical em que se baseia a maior parte da música ocidental que conhecemos e com a qual estamos habituados.

A tonalidade, que é natural ao ser humano, acompanha um desenvolvimento equilibrado de sua personalidade e abre uma porta para a dimensão transcendente. O melhor exemplo de sua naturalidade é a experiência das crianças quando expostas a esse sistema musical.

No entanto, no final do século XIX, essa música tradicional começou a sofrer manipulação, principalmente por meio de compositores como Schönberg, Stravinsky, Varèse e outros, o primeiro deles inaugurando o período atonal em 1908, em Viena, ou seja, o método de compor em 12 tons, "técnica de doze tons" ou "dodecafonia". Essas peças musicais foram compostas com regras contrárias ao sistema tonal, permitindo ao artista uma digressão livre, sem respeitar nenhuma ordem ou estrutura. Embora este sistema permita que os 12 sons sejam rearranjados à vontade, nenhum deles pode ser repetido. Essa deliberada desordem e anarquia na composição se traduz num caos quase infernal que perturba tanto os ouvidos como a alma.[17] Oscar Mandel nos fala sobre esse processo de transformação, a partir de seu trabalho "Una critica de la cacofonia":

---

16 *Música Ontem e Hoje: os Passos da Revolução Musical*, Eduardo Peralta, Ed. Autor, 2021 (livro a ser publicado em breve; consegui acessar seu conteúdo com a permissão do autor).

17 Antonio Cardellicho, em sua obra *La Esencia de la Historia de la Musica* (Ricardi Americana, Buenos Aires, p. 69, 1979), nos diz o seguinte: "Na música atonal, os 12 sons da escala têm o mesmo valor, já que não há nota fundamental ou tônica. Como nenhuma nota deve ter mais importância que as outras, as melodias são formadas para que nenhuma predomine. Seu criador e seus seguidores preferem chamar de dodecafonismo, e não de atonalidade, pois não querem abolir a inter-relação das notas, mas fazer música livre, sem tonalidade restritiva. Não leva em consideração os fundamentos da acústica e as leis naturais, pois, acusticamente, as notas não são as mesmas. Sua finalidade é libertar o compositor da tirania da tonalidade.

> Tomada em conjunto, tal é a principal corrente artística do século XX. É essa dupla exploração que, acima de tudo, a separa da arte que a precedeu. Ainda na década de 1890, quando o movimento "arte pela arte" rompeu com tanto do que compunha o passado, e prometendo tanto para o futuro, o culto do belo permaneceu quase intacto (...) A primeira libertação da moral burguesa teve de ser seguida por uma segunda libertação: o culto do belo (...) e todas as artes se uniram para realizar essa revolução.[18]

Adorno logo percebeu isso, descobrindo que a melhor forma de subverter a música tradicional e burguesa era corromper sua própria estrutura, modificando a hierarquia de seus elementos constitutivos. Por isso, está próximo do atonalismo radical de Schönberg, afastando-se do atonalismo mais conservador de Stravinsky, que, embora concordasse com a ideia de superar e evoluir o sistema tonal, entendeu que não poderia ser feito de forma tão abrupta, rompendo com absolutamente tudo o que havia antes. Sobre seu admirado compositor, Adorno nos conta:

> Ele [Schönberg] nega a fidelidade fundada por ele àquela onipotência do material. Rompe com a evidência fechada, diretamente presente, da obra que a estética clássica havia designado com o nome de simbólico e à qual, na verdade, nenhum compasso próprio jamais correspondeu. Como artista, ele reconquista a liberdade da arte para os homens. O compositor dialético impõe algo à dialética.[19]

Lembremos que em toda estrutura tonal existe uma "ordem musical", onde cada elemento tem uma certa hierarquia e função. Seus componentes são essencialmente três: ritmo, melodia e harmonia. Explicado de forma

---

18 *Op. cit.*, Eduardo Peralta.
19 "Filosofía de la Nueva Música", Theodor Adorno. *In*: Eduardo Peralta, *op. cit.*

simples, o ritmo aponta predominantemente para o físico e o sensorial, a melodia está voltada para a afetividade e os sentimentos, e a harmonia está ligada principalmente ao racional. No entanto, no nível musical, esses elementos estão intimamente ligados e entrelaçados, formando um "todo" ordenado e harmonicamente proporcionado. Não é possível entender uma harmonia desprovida do fator melódico ou rítmico. Portanto, a prevalência dada a cada um desses componentes estruturais acabará exaltando ou predispondo de certa forma o receptor. Por exemplo, uma estrutura na qual o ritmo predomine desproporcionalmente sobre outros elementos resultará em uma composição imanente, mais corporal ou terrena do que espiritual e reflexiva. Um caso oposto é o canto gregoriano, que, sem ritmo, torna seu objeto puramente espiritual; é por isso que, conhecendo seus efeitos, a Igreja Católica adotou esse tipo de música sacra.

Acrescentando algo mais nesse sentido, Carmelo E. Palumbo nos conta, em seu texto "Expresiones de la persona humana a través del cuerpo":

> Pode-se afirmar, com fundamento filosófico, que a melodia ou harmonia aponta para os sentimentos e valores superiores do espírito; o ritmo temporário, por outro lado, prende mais o corpo, tanto que o faz vibrar, contornar e dançar. À medida que a harmonia deixa de ter Deus como objeto direto, o Sublime, dessa forma ela se torna profana, isto é, temporária, e nessa proporção aumenta o ritmo, que pode se tornar o elemento essencial e principal, portanto, sua audição atordoa e pode até levar ao paroxismo com gesticulações exorbitantes e uma psique completamente fora de controle racional.
>
> (...)
>
> (...) na medida em que na música o ritmo é privilegiado sobre a melodia, da qual deve ser como o cortesão, nessa medida, a peça musical está ligada ao tempo e passa rapidamente, como disse o poeta Horácio: "*Fugit irreparável tempus*" (Foge irreparavelmente no tempo), e quanto mais a melodia for acentuada, mais

duradoura e penetrante será a expressão musical, pois suas notas são "enganchadas" na eternidade. As cantigas populares da nossa infância, excetuadas as ocasionais que têm mais melodia, caíram no esquecimento; em vez disso, as tocatas e fugas de Bach, os concertos de Vivaldi, o canto gregoriano, as sinfonias de Mozart, Beethoven, Schubert ainda têm tempo garantido para chegar e, dir-se-ia, sem fim. O mesmo acontece com as danças: os balés e as danças clássicas em geral continuam sendo apreciados; por outro lado, as danças populares estão continuamente mudando os passos, modos e movimentos do corpo, tanto que uma geração rapidamente se torna ultrapassada e "não consegue dançar" as peças da geração seguinte.[20]

Percebendo a elevação espiritual gerada pela música tonal, Adorno intuiu – e não se enganou – que através da música contranatural e contracultural poder-se-ia gerar o contrário, ou seja, a perturbação física e mental do indivíduo para eventualmente encaminhá-lo para uma determinada ideologia, comportamento ou postulado. Dissemos que ele tinha razão, pois até hoje está cientificamente comprovado que a música atonal ativa áreas do sistema límbico relacionadas a sensações desagradáveis, e a música tonal, por outro lado, envolve áreas de sensações agradáveis.

Toda a ordem e todas as leis da composição musical serão radicalmente rejeitadas pelos atores da revolução, e note-se que eles não visam apenas destruir a natureza das coisas, mas, principalmente, seu ataque é dirigido à ordem sobrenatural, a Deus, o Criador da civilização ocidental e seus princípios. Apoiando-se em Freud, Adorno aponta que: "A psicanálise sustenta essa mesma ideia. Segundo ele, toda arte, como negação do princípio de realidade, se insurge contra a imagem do pai, e é por isso revolucionária". Isso leva Ramón Bau a afirmar que "a base sobre a qual

---

20 "Expressões da pessoa humana através do corpo, nos Cursos de Cultura Católica", "Homem, um problema? Um absurdo? Um mistério?", Carmelo E. Palumbo, Buli VIII, UCA, p. 126, 1990. Tomamos a citação de Eduardo Peralta, *op. cit.*

se assenta a chamada 'arte dita moderna', e a música especificamente, é a ideia de 'liberação' dos sons em relação às normas e ao significado último, não apenas da harmonia e tonalidade, mas de qualquer objetivo superior ou indicador imanente".[21] Ao que acrescenta que esse processo "baseia-se numa luta contra a 'arte habitual', numa procura desesperada de originalidade e ao mesmo tempo de eliminação de todo tipo de mensagens superiores e elevadas nas artes". Como se vê, o ataque revolucionário é dirigido tanto contra a ordem natural quanto contra seu Criador.

Tudo foi feito por etapas, como indica Peralta. Tomando sua ordem esquemática, diremos que o primeiro passo consistiu em separar a música de seu aspecto religioso, de sua ordenação ao Criador. Em segundo lugar, a melodia foi considerada acima do aspecto harmônico para, finalmente e em terceiro lugar, dar passagem à eliminação total da tonalidade e do elemento melódico e harmônico, e à revolta do rítmico acima dos elementos superiores. No caso da música culta ou clássica, tratada pelo já citado Theodor Adorno, essa subversão ou revolução musical é representada pelo atonalismo, serialismo e dodecafonismo.

Como vimos – evidente até hoje –, é inegável a influência decisiva dos frankfurtianos na degradação da arte e da cultura. A partir da conformação da nova estética revolucionária defendida por Lukács e Benjamin, os conceitos gregos de beleza, bom, verdadeiro, justo e harmonioso na forma e no conteúdo foram eliminados da arte, rompendo assim com os cânones tradicionais. A arte como recriação da beleza da vida, da natureza e como experiência positiva e gratificante logo será relegada pelo mais abjeto pessimismo, pelo culto da feiura e do esplendor do que é objetivamente desagradável, decadente, horrendo, grotesco, caótico, fragmentário, absurdo.

Ao contrário do que o *establishment* artístico burguês e neomarxista gostaria de acreditar, não há nesta contracultura nem no artista qualquer indício de talento, razão ou naturalidade. É, portanto, um feio deliberado, não espontâneo, forçado e até erudito, quando não abertamente

---

21 *Ibid.*

demoníaco. Sem dúvida, um claro exemplo dessa evidente decadência é o mictório de Marcel Duchamp criado em 1917, que deu início à fase de vanguarda, ou *avant-garde*, caracterizada pela alteração da estrutura das obras, abordando assuntos considerados tabus e desorganizando os parâmetros criativos.

Assim, a cultura é desconsagrada, e a beleza se torna uma categoria anacrônica porque não dá notícias de nada a um homem conflituoso, mecanizado, sem vontade, que prefere adotar o reflexo de suas misérias a abraçar o ideal que poderia tirá-lo de sua escuridão.

A POLÍTICA E A GUERRA CULTURAL

Eduardo Bolsonaro

Advogado, policial federal e deputado federal com a maior votação da história (1.843.735 votos/2018). Filho de Jair Bolsonaro, pai de família e uma das lideranças do novo conservadorismo brasileiro.

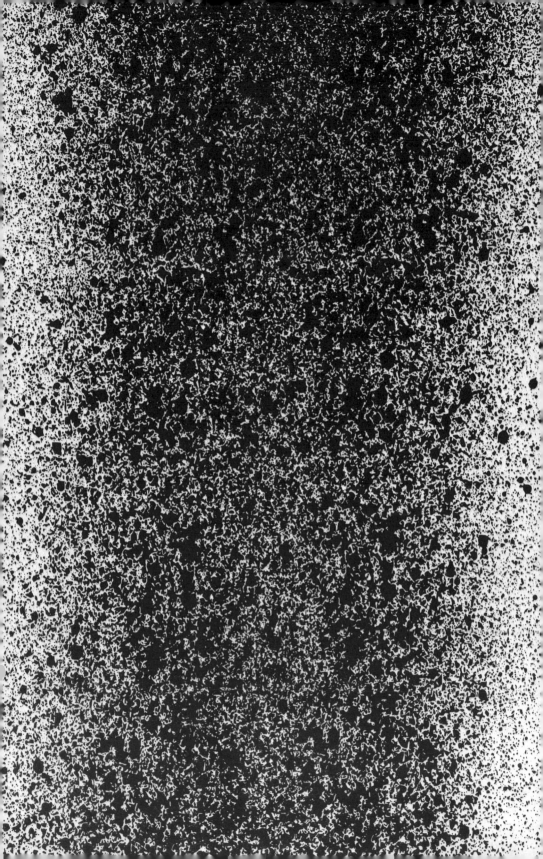

A POLÍTICA E A GUERRA CULTURAL

Muitos se revoltam ao ver um professor tentando ensinar que crianças só decidirão no futuro qual sexo terão, como se o assunto não fosse biológico, e sim uma construção social (ideologia de gênero); outros ficam indignados ao ver bandidos assassinando inocentes, e pessoas, dizendo-se protetoras dos direitos humanos, buscando desencarcerá-los para que sigam delinquindo. Porém, isso é só a ponta do *iceberg*, o que a maioria consegue ver, sem entender por qual motivo esses fatos ocorrem e se repetem.

Nesses eventos que vêm se repetindo em todas as áreas, podemos ver a prática da Guerra Cultural, a raiz das mazelas do Ocidente: a demonização da Igreja, a perseguição a cristãos, a criminalização da masculinidade, a *bandidolatria*, a confusão mental de gênero já na infância, o uso do aparato de leis para proteger a corrupção e mais um universo de consequências que encontra respaldo nas formas pelas quais a esquerda hoje se utiliza para tomar o poder.

Antes de aprofundar na política atual propriamente dita é sempre necessário olhar a história; afinal, "o inteligente aprende com os erros dos outros, o medíocre, com os próprios erros, e o burro não aprende nunca". O primeiro fato mais notório e de conhecimento de ao menos uma parte da sociedade é a Revolução Francesa – muito criticada pelo expoente conservador Edmund Burke, pai do conservadorismo moderno, em seu ensaio "Reflections on the Revolution in France" [Reflexões sobre a Revolução na França], de 1790.

Ali sedimentou-se na história a ideia de que os reis não são autoridades legitimadas por uma delegação divina, mas sim que todo poder emana do povo. Soou familiar? Esse foi mais um passo para decretar a religiosidade como algo retrógrado, arcaico, uma bola de ferro que atrasava a evolução da sociedade ou, ainda, no jovial, algo careta. Porém, ao receber poder de Deus para que assim pudesse governar, o rei acabava sendo limitado pelo clero, pela Igreja. Seu poder não era total, e todas as suas ações deveriam encontrar respaldo, ainda que formal ou politicamente, na religião.

Não à toa, mesmo Henrique VIII, rei da Inglaterra, na intenção de se divorciar de sua esposa buscando assim ter um filho homem que o sucedesse, criou a sua própria religião – a anglicana –, pois a separação no século XVI era algo proibido pelos dogmas da Igreja Católica, e não foi autorizada pelo papa nem mesmo para o peculiar caso do rei. Repare, Henrique VIII não abandonou a religião, apenas criou outra, preservando inclusive diversas das diretrizes da católica em sua recente criação, o anglicanismo.

Poderíamos ainda estender a importância de uma religião na criação de uma sociedade falando das artes, da busca pelo belo para mais nos aproximarmos de Deus. Ou ainda da filosofia islâmica, que, desde a revelação de Allah (através do anjo Gabriel, ao profeta Maomé em 610) até a invasão islâmica na Península Ibérica (hoje, territórios de Portugal e Espanha) em 713, se desenvolveu em apenas 103 anos. Imagine hoje a maior potência militar do mundo iniciando um projeto para conquistar Portugal, Espanha, o norte da África inteiro percorrendo o domínio por toda a Península Arábica, onde está Israel, Arábia Saudita, Emirados Árabes e outras dezenas de países, até chegar quase ao Afeganistão. Agora, imagine isso no século VIII, sem nenhum equipamento eletrônico, arma de fogo ou mesmo uma produção estandardizada de calçados de acordo com o número dos pés dos soldados. Esse domínio grandioso e tão rápido é atribuído não só às novas táticas militares islâmicas – que se confundem com os próprios árabes –, em que o coletivo e a disciplina no campo de combate se sobrepuseram à visão cristã de honra no sacrifício individual no campo de batalha, mas também nas palavras de Olavo de Carvalho:

> O poder islâmico, então, foi de alto a baixo criatura da religião – religião que seria inconcebível se não tivesse encontrado, como legado da tradição poética, a língua poderosa e sutil em que se registraram os versículos do Corão. E não é nada alheio ao destino de espanhóis e portugueses, rapidamente afastados do centro para a periferia da história, o fato de terem alcançado o sucesso e a riqueza da noite para o dia, sem possuir uma força de iniciativa intelectual equiparável ao poder material conquistado.[1]

Parênteses para Olavo de Carvalho, homenageado pela universidade de El-Azhar e governo da Arábia Saudita por seu estudo acerca do Corão, oportunidade em que não somente recebeu um prêmio, mas foi-lhe pago em dobro por não ser muçulmano! Além de honrarias do Centro Islâmico do Brasil e da Embaixada do Reino da Arábia Saudita, ainda nos anos 1980 – e você achando que Olavo só falava de comunismo e política...

Se ainda resta incompreensível a importância das contribuições religiosas na evolução de uma sociedade, não há muito mais o que eu possa fazer. No entanto, se você consegue compreender que uma base espiritual é fundamental para qualquer país evoluir, sigo neste capítulo para você.

Retornando à Revolução Francesa, em seu auge, foram decapitadas mais de cem pessoas por dia em praça pública, na formidável máquina de assassinar, a guilhotina – homenagem ao Dr. Guillotin –, que naquela época militava por uma maneira mais humana de se executar a pena capital, bem como igualitária, visto que, a depender do crime e da classe social, o "fora da lei" seria executado com sabre, machadinha ou mesmo esquartejado, o que trazia muito trabalho para o carrasco: imagina ter que, a golpe de espadas, decapitar cem pessoas num mesmo dia. Soou horrível? Por quê? Naquela época, na França, a ideia era de que todo poder emanava do povo, e havia um julgamento antes de se aplicar a lei ao "criminoso antirrevolucionário".

---

1 "O orgulho do fracasso", Olavo de Carvalho, *O Globo*, 27/12/2003.

Talvez você se sinta até nauseado só de imaginar tais cenas, isso porque não temos por hábito a pena de morte, quanto mais em praça pública aos olhos de todas as idades – quanto mais numa guilhotina. Desde pequenos, somos ensinados que matar é um ato grave. Não sem motivo está na Bíblia, no livro de Êxodo 20, o mandamento: "Não matarás". A base de nossa sociedade cultua valores judaico-cristãos.

Quer ver outro exemplo? O que nós, pais, falamos aos nossos filhos, ou o que você, que não tem filhos, ouviria de seus pais, caso retornasse da escola trazendo consigo um carrinho de brinquedo ou boneca que não fosse seu? Seus pais chamariam a sua atenção e ensinariam que o que é dos outros não deve deles ser tomado sem permissão, e na sequência certamente o obrigariam a devolver ao coleguinha, proprietário de direito daquele brinquedo, certo? Voltemos aos tais dez mandamentos: "Não furtarás".

O que mais é negativo no senso de nossa comunidade? Mentir? "Não darás falso testemunho contra o teu próximo". A traição num casamento? "Não cometerás adultério". Cultuamos o respeito aos mais velhos e aos nossos pais? "Honra teu pai e tua mãe para que teus dias se prolonguem na Terra". Tudo que está entre aspas se encontra em Êxodo 20, bem como serve de molde para nossa sociedade, de tal maneira que está enraizada em nossas leis, na aplicação delas pelos juízes e tudo mais.

Quando a esquerda traz a ideia de que vale a pena matar opositores políticos, em contraste com a filosofia cristã do perdão, principalmente, ela precisa suplantar esses dogmas. Em outras palavras, para que os genocídios desejados pelos esquerdistas sejam aceitos pela sociedade, as pessoas precisam retirar de suas cabeças a ideia de que assassinar é errado. Mas como? Basta destruir esses valores presentes na Bíblia, propagados por sacerdotes e transmitidos de pais para filhos. Se você não percebeu, eu acabei de listar os agentes que são obstáculos para a implementação do comunismo, socialismo, progressismo, bolivarianismo ou seja lá qual novo nome a esquerda dê às suas ideias diabólicas: cristãos, família e Igreja.

Ainda que você esteja lendo este capítulo sem me conhecer, pergunte a si mesmo e me diga se estou errado: você já viu a imprensa passando a mão na cabeça de bandido cruel, mas superdimensionando erros cometidos por padres e pastores? Muito provavelmente sim, não é mesmo? Isso porque o bandido é visto por um esquerdista como um revolucionário em potencial, ele apenas precisa direcionar a sua violência em prol da revolução. Assim pensa um comunista da velha guarda, visto que esse ensinamento está, também, no *Manual do Guerrilheiro Urbano*, de Carlos Marighella, ídolo da esquerda que faleceu em 1969, não sem antes espalhar terror por onde passou com seu bando cometendo assassinatos, como o da policial civil Estela Borges, de 22 anos, em 1969, com um tiro na cabeça. Familiares de Marighella foram indenizados com pensão pelo governo de Fernando Henrique Cardoso, há filmes e homenagens para relembrá-lo. Mas por que sobre a policial por ele assassinada quase nada se sabe? Isso tudo está no *script* da Guerra Cultural.

Após a aceitação na Revolução Francesa de usar "regras fora do jogo" para chegar ao poder, estava aberto o caminho para a esquerda fazer suas revoluções sangrentas. Sintetizadas as ideias comunistas com *O Manifesto Comunista*, de Friedrich Engels e Karl Marx, de 1848, e com o livro *O Capital* em 1867 por Karl Marx, começaram a pipocar nas décadas seguintes revoluções como a russa/bolchevique de 1917. Em 1949, foi a vez da China, com Mao Tsé-Tung. Em 1959, um caso isolado na América Latina na ilha de Cuba, dentre outras revoluções como no sudeste asiático, Coreia e um punhado de outros conflitos durante a Guerra Fria visando a implementação do comunismo pelas armas, pela força.

A esquerda se deparou com a resistência às ideias de Marx e Engels e encarou alguns fracassos, como o *biennio rosso* (1919-1920), no qual Itália, Alemanha e França resistiram ao comunismo. No Brasil, em 1964, pensadores da esquerda **desenvolveram outra estratégia de tomada de poder: a Guerra Cultural**. Não pense que foi fácil migrar da força – agitação das massas – para o intelecto. Os próprios comunistas daquela época rechaçavam e caçoavam dos teóricos. Prova disso, por exemplo, ocorreu na II Internacional Socialista, onde membros como Rosa Luxemburgo e Karl Kaustsky chamavam de "socialistas de cátedra" aqueles que, em vez de agitar as massas, se dedicavam a dar aulas em universidades. Horkheimer, um dos maiores expoentes da Escola de Frankfurt, teve seu Instituto de Investigação Social fechado pelos nacional-socialistas em 1933. Nesse sentido, Theodor Adorno, também outro líder desse movimento, escreveu a Horkheimer: "Somente se pode representar os interesses dos seres humanos estando longe deles (...) O que escrevemos é infinitamente mais importante do que a realidade imediata".[2]

E Adorno estava certo. As revoluções armadas tiveram sucesso em poucos países e ficaram longe do seu domínio mundial, como pretendia a maioria. Pior, o capitalismo, em que pese ser um sistema econômico espontâneo enquanto o comunismo é um político-econômico artificial, não caiu nem com a crise de 1929. Pelo contrário, teve sua era de ouro nas décadas de 1950 e 1960. Isso foi determinante para que o proletariado, agora seduzido e já tendo experimentado do conforto e das tecnologias que só o capitalismo oferece, não mais se sentia atraído pela utopia revolucionária do "operários, uni-vos" (Manifesto Comunista de 1848). Some-se a isso o fato de que onde fora implementado o regime de Marx não gerou bons frutos. De fato, era preciso se reinventar, mudar a estratégia. A atual estratégia de domínio esquerdista é fruto desse fracasso e também da persistência, da resiliência – que aprendamos com eles.

Ainda na primeira metade do século XX, quase concomitantemente, o filósofo Antonio Gramsci, um dos fundadores do PCI (Partido Comunista Italiano), e intelectuais da instituição que ficou conhecida como Escola de Frankfurt, passaram a desenhar a nova estratégia de domínio cultural para chegada gradual, quase imperceptível, do poder político total – o que hoje se apresenta como o caso de maior sucesso da esquerda nesta guerra.

COMO OCORRE NA PRÁTICA?

A ideia é simples: infiltrar o pensamento marxista/comunista nas mais variadas áreas da sociedade até que ela própria se torne comunista sem se

---

2   *A Escola de Frankfurt e o Início da Nova Esquerda*, Cristián Rodrigo Iturralde, Vide Editorial, nota de rodapé nº 7, p. 24, 2020.

dar conta. Porém, a execução de um inovador projeto não seria algo em que muitos apostariam suas fichas. Como citei acima, sobre a descrença do poder cultural, os próprios comunistas, adeptos da revolução, desdenhavam dessa nova maneira de instauração do regime. Porém, uma parte da esquerda, os neomarxistas ou neomarxistas ocidentais, pagou para ver e se debruçou a estudar o fracasso e corrigir os erros, fazendo nascer uma nova estratégia. No Brasil e no mundo, passamos a ver a estratégia das tesouras: por um lado, uma esquerda radical seguia sequestrando para angariar fundos, assassinando opositores-chave, agitando as massas, desejando instabilidade econômica e política para justificar um golpe de Estado; por outro, iam com discursos "pseudopacifistas" e "de amor" infiltrando-se a conta-gotas em postos principais na sociedade, a começar pelas universidades.

O ERRO CRASSO BRASILEIRO

No cenário de regime militar brasileiro (1964-1985), aos intelectuais de esquerda foram destinadas as universidades como algo secundário, na intenção de dizer "deixa esses bobocas falando, falando, falando suas ideias sem pé nem cabeça no ambiente acadêmico que isso não dará fruto algum, e é um problema a menos para nós tomarmos conta" – parecem até os membros da II Internacional zombando dos acadêmicos da Escola de Frankfurt. Hoje, com a história já tendo transcorrido, é fácil identificar esse erro crucial dos governos militares. Mas, naquele tempo, em que Paulo Freire iniciava sua jornada profissional, um "filhote de Antonio Gramsci", de fato o que mais preocupava as pessoas eram os sequestros de embaixadores e cônsules, assassinatos de opositores políticos e agentes do Estado, sequestro de aviões que iam para Cuba, bombas em aeroportos, como o de Guararapes, em Pernambuco, ou mesmo guerrilhas na selva do Araguaia inspiradas na Revolução Cubana partida de Sierra Maestra.

Não conhece esses fatos? Pesquise por "guerrilha do Araguaia José Genoíno", "sequestro embaixador americano troca presos José Dirceu",

"Dilma Rousseff grupo guerrilheiro colina assassinato major alemão", ou então leia *Verdade Sufocada*, o *best-seller* escrito pelo coronel Carlos Alberto Brilhante Ustra, que acabou se tornando um personagem importante na noite do *impeachment* de Dilma Rousseff.

Aqui, um parêntese para Brasil e Itália: nos anos 1970, ambos os países viviam seus melhores momentos econômicos do século, talvez até de suas histórias. No entanto, essa prosperidade não foi capaz de enterrar o comunismo e acalmar os ânimos dos terroristas, pois foram os anos de chumbo não só no Brasil, mas também na Itália, onde houve o sequestro do ex-primeiro-ministro Aldo Moro, do partido Democracia Cristã, executado pelo grupo Brigate Rosse [Brigadas Vermelhas] após 55 dias em cativeiro. Dessa época também deriva o terrorista italiano Cesare Battisti, que fazia parte de outro grupo, o PAC (Proletários Armados para o Comunismo), período em que cometeu seus quatro homicídios qualificados, num deles assassinando o pai na frente do filho, que sobreviveu com a sequela de até hoje ser um cadeirante, Alberto Torregiani.

Eu sei porque, quando fui à Itália, conversei com o próprio Alberto[3] e o político Matteo Salvini, alta autoridade do partido de direita Lega Nord, ambos minimamente confortados com a extradição do criminoso para a Itália, liderada pelo presidente Jair Bolsonaro. Battisti estava condenado à prisão perpétua, no entanto, uma decisão do então presidente Lula em não extraditar o assassino foi referendada pelo STF em 2011, e Battisti pôde ter uma vida tranquila no Brasil até a eleição de Bolsonaro em 2018.

Se por um lado a esquerda foi combatida e derrotada militarmente nos anos 1970, por outro ela não encontrou obstáculos em pleno regime militar para doutrinar os universitários, que depois assumiam empregos como jornalistas, juízes, políticos, sindicalistas e tantos outros ramos da sociedade. Não há expressão mais típica de Gramsci do que "agente transformador". Todas as pessoas, independentemente de sua posição na

---

3   "LIVE direto da Itália com Alberto Torregiani vítima de Battisti", 19/04/2019. https://youtu.be/SeiMz_RkgWs

sociedade, deveriam ser um agente transformador. Daí você começa a perceber como, por exemplo, um juiz aplica em seu trabalho a sua mentalidade revolucionária, pois ele é um agente transformador da sociedade; já a lei fica em segundo plano.

Repare que não é necessário que o autor da transformação saiba que foi doutrinado; ou melhor, normalmente eles juram diante de Deus que jamais o foram, ou até fazem chacota disso. A doutrinação não necessariamente é impositiva. Como desafiava o professor Olavo de Carvalho, tente encontrar uma monografia de universidade do Brasil dos anos 1980 para cá que não elogie Gramsci ou que fundamente o TCC (tese de conclusão de curso) sem ter um espectro de esquerda. Muito provavelmente os orientadores nem sequer permitirão tal tema. Assim, perceba que não há democracia ou liberdade sendo apresentada àqueles que mais deveriam estar abertos a debater ideias, mas sim apenas lhes é mostrado um universo onde se pode ser menchevique ou bolchevique, sendo todo o resto fascismo.

Ou, então, para quem não está familiarizado com estas correntes, apresentam-lhes um mundo onde democracia é ser de centro esquerda ou extrema esquerda, rotulando todas as demais ideias, ainda que legítimas e válidas, como fascistas, nazistas, extremistas, fundamentalistas ou qualquer sorte de criminalização antes do conhecimento – aliás, demonizar tudo o que não seja de esquerda é uma tática desenvolvida pelos homens de Frankfurt, bem como a "tolerância repressiva" de Herbert Marcuse, mãe da atual "cultura do cancelamento". Repare, essas ideias têm quase cem anos, mas agora estão a pleno vapor.

Assim caminha o pensamento marxista moldado por Gramsci e a Escola de Frankfurt. Hoje, juízes de altas cortes, como o STF, declaram-se progressistas e se orgulham em dizer que são editores do Brasil. Traduzindo: o juiz moderno deve aplicar a justiça social e interpretar as leis – se é que as lê – sob a sua ótica de maneira a moldar a sociedade para um futuro melhor, mais justo. A parte do "melhor" e "mais justo" diz respeito à engenharia social que ele tem em sua cabeça, teorias desenvolvidas por encastelados no ar-condicionado, longe do calor da realidade do cidadão comum. Repare que é uma quebra do sistema, onde o cidadão elege seus representantes para confeccionar as leis sempre olhando para o passado e atualizando a legislação, mas não olhando para o futuro, imaginando enquadrar a sociedade como se tivesse autorização ou legitimidade para fazê-lo. Ninguém tem carta branca para intervir na esfera individual, familiar. Quem sabe o que é melhor para o cidadão é ele próprio, não um burocrata que mora em Brasília ou uma autoridade estatal que não vive o cotidiano da população.

Na prática, tem-se a hipertrofia do Judiciário, ou mesmo a ditadura do Judiciário. Não à toa o ativismo judicial é visto com bons olhos pelos progressistas, enquanto os ministros de nossa Suprema Corte dão conta de tornar toda a matéria em constitucional, enxergando princípios constitucionais nas mais efêmeras leis, e assim justificando sua atuação selecionando sobre o que desejam na prática legislar sem ter recebido sequer um voto para isso.

Você já identificou o problema acima nos tribunais? Como a esquerda conseguiu fazer isso? Ano após ano, dia após dia, durante um longo período de tempo, num trabalho contínuo e silencioso basicamente desde os anos 1960, quando as ideias de Gramsci e da Escola de Frankfurt começaram a pousar aqui, em terras tupiniquins, ela foi conquistando redações de jornais, sindicatos, juízes, políticos, até que ao final elegeu seu presidente radical em 2002, que, por sua vez, elegeu e reelegeu sua sucessora – e aqui não entrarei na questão das eleições não auditáveis –, e eles foram nomeando os ministros da Suprema Corte.

Assim, o brasileiro um belo dia acordou com um sistema para o qual ele colabora com seus impostos dizendo que uma escola cívico-militar é proibida, mas um homem que se sinta mulher pode frequentar o banheiro feminino; ou que o aborto é possível em determinados casos (mesmo esta conduta sendo criminalizada expressamente em nosso código penal), sem ter uma justiça para apelar sobre isso.

Como combater este sistema nefasto? Também é dia após dia, ano após ano, notadamente nas escolas e universidades, onde se formam as gerações futuras, mas acima de tudo dentro de casa, olhando os livros escolares de seus filhos, conversando com eles para saber se o que aprenderam com o professor de história é realmente um ensinamento histórico ou uma narrativa manipuladora. Sou prova viva disso. Se eu não tivesse tido um pai em casa, teria me formado no segundo grau (atual ensino médio) achando que Lamarca é um herói. Aliás, as melhores opções para se fugir da doutrinação escolar são:

1) **Família:** Os pais não têm compromisso em replicar a "verdade" do regime – se quiser se aprofundar, leia o livro *Sussurros: a Vida Privada na Rússia de Stálin*, de Orlando Figes, que retrata pais conversando em voz baixa, ainda que dentro de suas casas, com receio de que seus filhos pudessem escutar algo e, sem querer, delatá-los na escola, como era estimulado à época;

2) **Igreja:** Os sacerdotes seguem dogmas religiosos, e não diretrizes de um partido político. Veja a perseguição atualmente perpetrada pelo ditador Daniel Ortega da Nicarágua contra bispos, padres e mesmo freiras – a quem essas senhoras podem ser nocivas, meu Deus do céu?! A história só se repete, visto que os nazistas fizeram o mesmo;

3) **Liberdade de expressão:** A sanha dos governos esquerdistas em regulamentar a internet não é por acaso. Dessa forma, eles seguirão intensificando o bombardeio diário através da mídia tradicional até que a sua mente fique tão excitada de tanto assistir isso na televisão que ache que os problemas da sociedade são "*fake news*" ou "discurso de ódio", e não segurança, saúde e educação. Por mais que você saiba que esses dois instrumentos nada mais são do que ferramentas para criminalizar a oposição e mantê-lo preso ao sistema. Atualmente, há até perfis nas redes sociais que debocham da preocupação da esquerda em sinalizar virtude e dizer que querem acabar com o ódio ou com as *fake news*. São os popularmente

conhecidos como "*fake news* do bem" ou "ódio do bem", fenômenos que ocorrem quando a mentira ou a raiva é direcionada a alguém de direito, logo, pela ótica progressista, alguém merecedor daquela violência. Ou seja, esses instrumentos, bem como o cancelamento, não têm nenhuma nobreza em suas ações; pelo contrário, buscam a perseguição deliberada e a censura de quem não seja de esquerda. Para a esquerda, os fins justificam os meios.

Solucionaremos esses problemas levando nossas famílias para a Igreja para aprender e seguirem firmes os valores judaico-cristãos, no propósito do Senhor, para também resgatar a história e seus ensinamentos, repassando-os adiante. Se fizermos isso por uma geração, acabaremos com esse mal. Eu sei, eu também trabalho, tenho filha etc.; sim, dá trabalho, mas o que não dá trabalho? Porém, se não for pelos nossos filhos e pela nossa liberdade, pelo que mais trabalharemos? Afinal, o que nos move é muito maior do que aquilo que move a esquerda e seus idiotas úteis.

Por fim, deixo uma recomendação aos leitores deste livro: tenham paciência, conversem, mostrem os fatos, tentem convencer apenas pessoas mais à esquerda que sejam ignorantes nesses assuntos; não discutam com um esquerdista convicto que os xinga de tudo quanto é rótulo sem nem ao menos saber o que está falando. Busquem identificar de qual dos dois tipos é a pessoa com quem vocês debatem. A boa notícia é que, graças ao bom Deus, os primeiros são muito mais numerosos do que os segundos. Nós, conservadores, podemos até ser chatos, mas também estamos certos, como dizia Roger Scruton. Sejam luz nas trevas, mostrem aos ignorantes a verdade e os libertem, apliquem João 8:32.

E sempre se lembrem da frase atribuída a um dos pais fundadores da América, Thomas Jefferson: "O preço da liberdade é a eterna vigilância".

UMA PROPOSTA PARA O STF

Ives Gandra Martins

Professor Emérito da Universidade Mackenzie e das Escolas de Comando e Estado-Maior do Exército – ECEME, Superior de Guerra – ESG; presidente do Conselho Superior de Direito da FECOMERCIO – SP.

O STF E A PROPOSTA PARA EVENTUAL MODIFICAÇÃO DA FORMA DE INDICAÇÃO DE SEUS MINISTROS

Instalado o novo governo com aumento considerável das despesas públicas sem definição de fontes de receitas, ou seja, a PEC de transição, o aumento dos vencimentos dos servidores em todos os níveis e a elevação do número de correligionários e apoiadores que passaram a integrar o governo com alargamento do quadro ministerial de 23 para 37 Ministérios, o mercado tem reagido com cautela, preocupação e queda, prevendo-se uma inflação maior e o dólar em ascensão, apesar da redução momentânea de ambos.

A margem de vitória do presidente Lula sobre o ex-presidente Bolsonaro foi estreita. Dois milhões de votos num universo de 150 milhões de eleitores. Noventa milhões de brasileiros não votaram em Lula. Ele teve 60 milhões contra 58 milhões de Bolsonaro. Vale dizer, apenas 40% dos eleitores brasileiros escolheram Lula, 39% escolheram Bolsonaro e 60% não quiseram Lula para presidente.

Mais uma razão haveria para que o leque de partidos das mais variadas ideologias que o apoiaram e que só lhe garantiram 40% dos eleitores o fizessem realmente falar em pacificação nacional, e não manter um discurso de ódio, principalmente após tanto o presidente Bolsonaro, como o presidente em exercício Mourão, em suas últimas manifestações, falarem no fortalecimento da democracia brasileira.

Tais manifestações iniciais não favorecem o desejo de um governo de pacificação para a maioria dos brasileiros.

Um outro elemento poderia ter levado o presidente Lula a prescindir dos ataques em seu discurso de posse.

Sem o auxílio da Justiça, dificilmente ele teria sido eleito. Três fatores foram decisivos, nessa nova conformação do Direito, que os membros maiores da Justiça Eleitoral e da Suprema Corte impuseram ao povo brasileiro.

O primeiro fator foi o resgate de sua candidatura com a anulação de todos os processos contra ele, apesar de condenado por corrupção em todas as instâncias. Começou pela declaração de incompetência de foro pelo ministro Edson Facchin, algo de verificação tão elementar que espantou a comunidade jurídica não comprometida ideologicamente, por não ter sido percebida por nenhuma instância, até mesmo pela Suprema Corte.

Em seguida, em um voto extenso acompanhado por toda a corte, a justificação do ministro Gilmar Mendes para anular todo o processo com inúmeros pontos explicativos pelos quais a suspeição do juiz Moro foi declarada.

Por fim, a proibição da utilização de qualquer das provas de corrupção não elididas pelo presidente Lula, em qualquer dos processos transferidos, decisão esta, creio, do ministro Lewandowsky, com o que uma magistrada brasiliense o absolveu sob a alegação de que a proibição de utilização daquelas provas a impedia de julgar pelos fatos de que era acusado. E não só ao presidente, mas também a mais oito denunciados, creio eu.

Não entro no mérito da decisão do STF, pois, no Direito, interpretações divergentes são comuns, mesmo entre julgadores. Quando o STF por seis votos a cinco decide algo de aplicação obrigatória em todo o país, cinco dos que votaram contra não concordaram com aquela decisão. Essa é a razão pela qual, quando discordo em Direito, respeito a opinião contrária **sempre**.

O segundo fator foi uma auto-outorgada competência legislativa que levou a Suprema Corte a impor prisões de parlamentares e cidadãos por meras opiniões políticas, sob alegação de serem antidemocráticas.

Assim, ao artigo 53 da CF/88, que garantia a inviolabilidade do parlamentar por **qualquer manifestação ou palavra**, o STF acrescentou uma exceção dele não constante que era a lei infraconstitucional de segurança nacional, em surpreendente exegese pretoriana, com o que o conceito de democracia do Pretório Excelso passou a ser o único que deveria prevalecer no exame da Constituição, e não a vontade do constituinte (EC nº 35) de garantia absoluta do parlamentar.

Tivemos prisões, investigações, bloqueio de contas, condenações sob o argumento que punham em risco a democracia. No Brasil, houve prisões, portanto, exclusivamente de natureza política. É de se lembrar que o Instituto V-Dem da Universidade de Gotemburgo, na Suécia, declarou este ano que o Brasil é uma democracia relativa, porque aqui há censura e prisões políticas.

E o terceiro fator determinante dessa participação direta da Justiça nas eleições foi a censura dos veiculadores conservadores da imprensa tradicional e das redes sociais, nas últimas semanas. Foram proibidas manifestações até o dia das eleições e punidos economicamente tais veículos conservadores, com o impedimento de recebimentos dos valores de assinaturas.

Sem essa participação, que atingiu apenas a quase metade do eleitorado que não votou em Lula, e não o pouco além da metade que nele votou, talvez o resultado pudesse ter sido outro que não o da **expressiva minoria** (49% dos votos) não superando a **inexpressiva maioria** (apenas 51% dos votos).

Todos esses fatores levam-me a considerar novamente a proposta que fiz a alguns Constituintes, já em 1988, de rever o processo de indicação dos ministros da Suprema Corte.

A proposta, divulgada pela *Folha de S.Paulo*, seria a seguinte:

> **"A escolha de ministros para o STF**[1]
>
> Por que para a mais alta corte do país não existe qualquer critério, na nossa Constituição Federal, a não ser o subjetivo, definido por um homem só?

---

1 Artigo publicado no jornal *Folha de S.Paulo*, 16/11/2010.

Durante os trabalhos constituintes, mantive inúmeros contatos com seu relator, senador Bernardo Cabral, e alguns com seu presidente, deputado Ulysses Guimarães, sobre ter participado de duas audiências públicas (relativas ao sistema tributário e à ordem econômica) em subcomissões presididas pelos deputados Francisco Dornelles e Antonio Delfim Netto, respectivamente, apresentando, a pedido de alguns constituintes, sugestões de textos.

Em um jantar, com a participação do senador Bernardo Cabral, do desembargador Odyr Porto, então presidente da Associação dos Magistrados Brasileiros, e do ministro Sydney Sanches, do STF, discutíamos o perfil que o Poder Judiciário deveria ter no novo texto.

Sugeri para a Suprema Corte – cuja importância pode ser definida na expressão do jusfilósofo inglês H. L. Hart: "A lei é aquilo que a corte diz que ela é" (*O Conceito de Direito*) – que a escolha deveria recair sobre pessoas de notável saber jurídico e reputação ilibada indicadas pelas diversas entidades representativas de operadores do direito.

O conhecimento jurídico deveria ser não só notório (reconhecimento da comunidade), mas notável (conhecimento indiscutível).

Pela minha sugestão, o Conselho Federal da OAB indicaria o nome de seis consagrados juristas; o Ministério Público, outros seis; e os tribunais superiores, mais seis (dois pelo STF, dois pelo STJ e dois pelo TST), com o que o presidente da República receberia uma lista de 18 ilustres nomes do direito brasileiro para escolher um. Assim, todas as três instituições participariam da indicação.

O presidente, por outro lado, dentre 18 nomes, escolheria aquele que, no seu entender, pudesse servir melhor ao país. Por fim, o Senado Federal examinaria o candidato, não apenas protocolarmente, mas em maior profundidade, por comissão especial integrada por senadores que possuíssem a melhor formação jurídica entre seus pares.

Por outro lado, em minha sugestão, manter-se-ia o denominado "quinto constitucional", ou seja, três dos 11 ministros viriam da advocacia e do Ministério Público, com alternância de vagas: ora haveria dois membros do Ministério Público e um da advocacia, ora dois ministros vindos da advocacia e um do Ministério Público.

De qualquer forma, para as vagas dos 11 ministros, as três instituições (Judiciário, advocacia e Ministério Público) elaborariam suas listas sêxtuplas. Acredito que minha proposta ensejaria escolha mais democrática, mais técnica, com a participação do Legislativo, do Executivo, do Poder Judiciário, do Ministério Público e da advocacia.

Nada obstante reconhecer o mérito e o valor dos 11 ministros do Supremo Tribunal – e mérito reconheço também no presidente Lula e nos ministros Márcio Thomaz Bastos e Tarso Genro, que souberam bem escolher tais julgadores –, é certo que há sempre o risco potencial de uma escolha mais política do que técnica.

Tendo participado de três bancas examinadoras para concursos de magistratura (duas de juiz federal e uma de juiz estadual), sei quão desgastantes são tais exames. Examinei em torno de 6.000 candidatos para a escolha de 40 magistrados federais e 57 estaduais.

Para a escolha de magistrados de segunda e terceira instâncias, os critérios também são rígidos e variados, assegurando-se maior participação da comunidade jurídica. Por que para a mais alta corte não há qualquer critério, na nossa Constituição, a não ser o subjetivo, definido por um homem só?

Como o Brasil iniciará, com a nova presidente, um ciclo de reformas estruturais, a sugestão que apresentei em 1988 poderia novamente ser examinada pelo futuro Congresso, visto que estaríamos ofertando melhores elementos técnicos e de participação democrática para que o presidente pudesse fazer suas indicações.

Na minha opinião, se mudarmos a forma de indicação dos Ministros da Suprema Corte, talvez reduzamos o nível de

> *politização que se sente nos Estados Unidos e no Brasil, que copiou o modelo americano.*
>
> *A mudança se justifica até por força da corrente consequencialista do direito, que principia a ser hospedada por alguns magistrados."*

Nessa esteira, a tresloucada invasão das sedes dos Três Poderes em Brasília, no último dia 8 de janeiro, merece uma reflexão desapaixonada e não ideológica dos governantes, nas três esferas da Federação, dos formadores de opinião e da sociedade.

Em primeiro lugar, qualquer pessoa de bom senso rejeitou, evidentemente, aquela multidão de pessoas desarmadas, que invadiu as sedes do Legislativo, Executivo e Judiciário, depredando algumas de suas dependências. A primeira observação, portanto, é que foi um gesto lamentável que em nada beneficia a democracia, que se caracteriza sempre pela discussão de caminhos políticos entre posições divergentes dos cidadãos.

A segunda reflexão, porém, é sobre considerar que aquele movimento foi a tentativa de um golpe. Um golpe de Estado se dá com armas, e na invasão não havia gente armada capaz de enfrentar os guardiões dos detentores do Poder. Muitos ali eram velhos e jovens descontentes com o respeito que as FFAAs têm às Instituições, ao mostrarem-se fiéis aos resultados das eleições – que, por pequena margem de votos, deram a vitória ao presidente Lula sobre o ex-presidente Bolsonaro –, apesar de dois meses de apelo junto aos seus quartéis com vigílias de 24 horas. Gente desarmada é incapaz de dar um golpe de Estado, razão pela qual chamar de golpista o movimento parece-me mais um exagero ideológico que o retrato da realidade, visto que bastaram algumas centenas de soldados, sem nenhum derramamento de sangue, para encerrarem o "decantado golpe".

A terceira linha de raciocínio é a de que o Congresso Brasileiro, na presidência do presidente Michel Temer, já foi invadido e depredado por uma multidão menor – também desocupado por mais de uma centena de militares – constituída, então, por membros da esquerda brasileira, sem que ninguém tenha sido considerado golpista. Aliás, este é o modo pelo qual o presidente Lula se refere ao ex-presidente Temer, mesmo tendo sido eleito em rigoroso cumprimento da Constituição (artigos 85 e 86), sem que seja tal "*fake news*" inserida no inquérito que se encontra no gabinete do ministro Alexandre de Moraes, na busca de uma conformação jurídica do que sejam as denominadas "notícias forjadas fora do contexto".

Nesse ponto, como modesto e senil professor de província, entendo que tal conformação deveria vir do Legislativo, e não do Judiciário. Curvo-me, porém, perante quem tem o poder de impor sua exegese.

A quarta reflexão é de que o conceito de democracia, que é a vontade do povo de conduzir o destino de seu país, não deve ser imposto pelo Executivo, com órgãos destinados a controlar as manifestações da população, mas sim por representantes legislativos da sociedade. Sou parlamentarista desde os bancos acadêmicos e entendo que nos Parlamentos encontra-se a totalidade da representação nacional, pois 100% de seus membros conformam situação e oposição e, portanto, são eles os que devem definir a democracia que desejam, sem cerceamento de sua liberdade de expressão.

Como última reflexão, convém lembrar que Aristóteles dividia o exercício do poder em três formas boas e três ruins. A melhor de todas era a monarquia, com um só homem bom no poder. Depois, a aristocracia, caracterizada pelo conjunto de homens bons, e, por fim, politia ou timocracia, em que o povo era conduzido por seus representantes que pensavam mais na sociedade do que em si. Já as três formas ruins eram: a democracia, na qual, embora seja a menos ruim, os representantes do povo pensavam mais em si do que no bem comum; a oligarquia, pior ainda, em que os poucos detentores do poder só pensavam em si; e, por fim, a pior de todas, que era a tirania, com um déspota pensando apenas no poder e em si mesmo (*Ética a Nicômaco*).

ASSINE NOSSA NEWSLETTER E RECEBA INFORMAÇÕES DE TODOS OS LANÇAMENTOS

www.faroeditorial.com.br

ESTA OBRA FOI IMPRESSA
EM JULHO DE 2023